3천만원으로
빌딩한채사십시오!

공동투자로 20억 원짜리 빌딩주 되기 프로젝트

3천만 원으로 빌딩 한 채 사십시오!

초판 1쇄 인쇄 2021년 11월 17일
초판 1쇄 발행 2021년 11월 25일

지은이 이대희

발행인 백유미 조영석

발행처 (주)라온아시아
주소 서울특별시 서초구 효령로 34길 4. 프린스효령빌딩 5F

등록 2016년 7월 5일 제 2016-000141호
전화 070-7600-8230   **팩스** 070-4754-2473

값 15,000원
ISBN 979-11-92072-02-9 (13320)

라온북은 독자 여러분의 소중한 원고를 기다리고 있습니다. (raonbook@raonasia.co.kr)

3천만원으로
빌딩한채사십시오!

이대희 지음

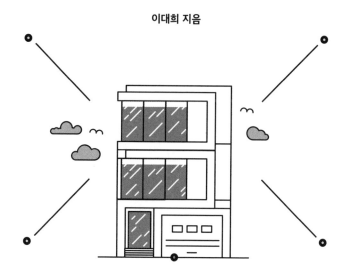

RAON
BOOK

나도 빌딩주가
될 수 있었다

나는 빌딩업계에서 오랫동안 일을 해왔지만 다른 사람들의 투자만 해줬지 정작 내 빌딩은 없었다. 사실 내가 빌딩을 살 수 있을 거라는 꿈도 못 꾸어봤다. 내가 돈을 버는 속도가 자산 가치 상승의 속도를 못 따라가다 보니 빌딩주가 된다는 건 다른 사람들의 이야기라고 느껴졌기 때문이다. 그러나 지금은 나도 빌딩주가 되었고, 아마 5년 전에 이 방법을 알았더라면 지금쯤 50억의 자산가가 되어 있었을 것이라고 생각한다. 왜 그때는 이런 방법을 몰랐던 건지 한탄스럽기는 하지만 지금이라도 알게 되어 다행이라고 생각하고 위안 삼고 있다.

이 책은 내가 15년간 부동산에 몸담고 있으면서 빌딩 거래 수백 건을 계약하면서 겪은 투자 경험을 정리한 것들이다. 또한 빌딩이라고 하면 자신과는 상관없는 얘기라고 단정 짓던 사람들에게 이 책 한 권으로 이제 당신도 빌딩주가 될 수 있다는 희망을 제시하고자 했다.

이 책의 마지막 페이지를 넘겼을 때 여러분은 빌딩주라는 꿈을 꾸게 될 것이다. 이제는 종잣돈 3천만 원에서 1억 원 정도 있으면 누구나 빌딩주가 될 수 있기 때문이다.

 사실 아파트 갭투자하던 시대도, 한 사람이 수백 채씩 갖고 있을 수 있던 시대도 끝났다. 아니, 지금은 똘똘한 아파트 한 채 이상 갖는 것이 사실상 의미가 없어졌다. 또한 원룸 건물을 신축하여 돈 벌던 시대도 끝났다. 2주택 이상 가지고 있을 시 아파트나 원룸 건물을 매입할 때 취득세 8~12%나 주고 매입할 사람도 거의 없거니와 주택이나 원룸 건물은 대출이 12억 원이 넘어가면 1원도 안 나오기에 매입하기가 어렵다. 또한 주택과 원룸 건물은 양도소득세 60~70%, 보유세 연 1천만~1억 원 등 사실상 세금 내고 나면 남는 게 없어졌기 때문이다. 살 때와 팔 때도 세금이 많아졌지만 이제는 가지고만 있어도 세금으로 다 나가니 하우스푸어가 아닌 보유세 푸어인 시대가 되었다.

그래서 나는 아파트 갭투자를 빌딩 갭투자로 새롭게 제시한다.
즉 공동투자를 활용한 갭투자다. 가족과도 동업은 하지 말라고 하
지만 내가 말하는 건 동업이 아닌 공동투자다. 동업은 같이 사업
을 운영하면서 내 의사 결정으로 운명이 좌우되는 것이지만 부동
산 공동투자는 투자해놓고 운영하는 것이 아니라 가만히 지켜보
고 있다 차익을 얻으면 수익을 나누는 것이다. 동업은 사업이 잘되
면 한 명이 욕심내서 망하고 잘 안 되면 남 탓하다 망할 수도 있지
만 빌딩 공동투자는 잘되도 누군가 한쪽이 욕심낼 수 없고 망할 이
유도 없다. 부동산 가격이 내려가지 않기 때문이다.
　이미 미국에서는 유대인과 중국인들이 공동투자를 활용하여 자
산을 증식하고 있다. 유대인과 중국인이 미국에서 상권을 장악할
수 있었던 것도 공동투자 덕분이다. 이와 달리 한국인들은 공동투
자, 동업이라고 하면 겁부터 낸다. 이제는 시대가 바뀌었기에 공
동투자, 동업이라는 문화에 대한 인식을 바꿔야 한다. 나는 공동투

자와 동업으로 사업을 4개를 운영하고 있다. 혼자 했을 때보다 부담이 덜 되고 쉽게 접근할 수 있어 매우 큰 매력을 느끼고 있다. 앞으로도 혼자는 사업을 안 할 생각이다. 더군다나 공동투자 없이는 살 수 있는 부동산에 한계가 있다. 최근에는 젊은 사람들이 투자하기 시작하면서 공동투자에 눈을 뜨고 있다. 미술품 공동투자, 명품테크 공동투자, 저작권 공동투자, 스니커즈 공동투자, 한우 공동투자, 부동산 조각 투자 등 공동투자 열풍이 불어오고 있다. 앞으로 우리나라도 나 혼자 할 수 없었던 것을 '공동투자'를 활용하여 자산을 증식할 수 있기를 바란다.

끝으로 이 책을 출간할 수 있도록 도움을 주신 라온북 식구들에게 감사드리며 아내와 우주와 하늘이에게도 사랑을 전하며 하나님께 모든 영광을 올려드린다.

이태희

2장

이것만 알면 당신도 빌딩주 될 수 있다

3장

빌딩 제대로 고르고 똑똑하게 사는 법

4장

빌딩의 가치를 높이는 운영 및 관리 노하우

5장

3천만 원으로 빌딩주 되기

6장

소액으로 살 수 있는 빌딩 투자 유망 지역 7선

1장

똘똘한 아파트 가고
확실한 빌딩 뜬다!

빌딩이 나를
강남 중심가로 인도했다

<u>"중국은 기회의 땅이니 중국으로 가"</u>

내 최종 학력은 중학교다. 가정환경이 복잡한 탓에 고등학교에 올라가자마자 자퇴하고 그길로 사회에 나가 일을 배웠다. 배달, 막노동, 식당, 전단지, 웨이터, 영업 등 안 해본 일이 없을 정도로 수도권 일대를 돌아다니면서 많은 일을 하였다.

스물세 살에 공익근무요원으로 발령받아 훈련소에서 한 달 동안 훈련을 받았는데, 문득 이렇게 살다가는 아무런 미래가 없겠다는 생각이 들었다. 마침 같은 부대에 고려대학교에 재학 중인 훈련병이 있어 그 친구에게 "나는 배운 것도 없고 기술도 없고 아무것도 가진 게 없는데 앞으로 살아가기가 막막하다. 무엇을 해야 먹고 살 수 있겠냐"고 진지하게 물었다.

그는 아주 심플하게 답했다.

"중국으로 가. 지금은 중국이 기회의 땅이야."

중국어에 이은 공인중개사 도전

훈련소에서 퇴소하고 공익근무요원을 병행하면서 나는 당장 중국어학원부터 다니며 공부에 매진했다. 그러다가 공인중개사 홍보 메일을 우연히 보고는 이 길이다 싶어 공인중개사 공부도 시작했고, 2005년 5월 자격증을 취득하는 데 성공했다. 이후 10개월간 준비 과정을 거쳐 2006년 봄, 중국으로 향했다. 고등학교 중퇴를 빠르게 결정했듯, 나의 중국 진출과 공인중개사 시험도 매우 빠르게 결정된 셈이다.

베이징에서 중개업 해봤습니까?

베이징에 도착해서 중국어를 8개월가량 더 배우고 난 뒤, 경험도 쌓고 용돈도 벌 겸해서 부동산 일을 하게 되었다. 내 공식 중개업무를 베이징에서 개막한 것이다. 첫 시작은 중국 인터넷 홈페이지(소호닷컴)에서 주인이 직접 올린 매물을 파악해 포털 카페에 있는 '북경유학생모임(북유모)'에 임대 게시글을 올려 중개하는 것이었다.

유학생들이 임대 광고를 보고 연락해오면 물건지로 같이 가서 집을 소개해주었다. 양쪽에서 받는 수수료로 베이징 체류비가 마련되었다. 임대 중개업에 더해 유학생들의 공항 픽업, 핸드폰 구매, 생활정보 등 서비스를 제공하며 생활했다. 3년이 채 안 되는 짧다면 짧은 중국 생활에서 내가 느낀 것은 '부동산'이라는 큰 시장의 흐름이었다. 그리고 2008년 10월, 한국으로 돌아왔을 때 한국의 부동산 시장에서 크게 놀아보고 싶다는 꿈을 키워가고 있었다.

한국에서 기회의 땅은 강남이다

2008년 11월 마포구 망원동에 있는 중개업소와 인연이 닿아 그곳에서 일을 하고 곧 은평구 역촌동의 로컬 부동산에도 입사하여 중개업 일을 본격적으로 시작했다. 추운 겨울날 매일 오전에 나가 집집마다 명함을 꽂고 다니며 홍보를 했지만 그 당시 망원동과 역촌동은 베드타운(큰 도시 주변의 주택 지역)이라 주택 말고는 수요가 거의 없었다. 지역 특성상 한계가 많이 느껴졌다.

큰물에서 놀아야겠다고 생각했다. 중국이 기회의 땅이었듯, 서울에서 기회의 땅은 강남이라 생각했다. 곧 한국에서 가장 경제가 활발한 강남으로 건너갔다. 강남 부동산은 역시 달랐다. 주택 중개는 기본이거니와 단기 임대(1~3개월 단위로 임대)부터 사무실, 상가, 오피스텔 등 다양한 중개를 할 수 있었고 부동산 금액이 높으니 수수료도 훨씬 높을뿐더러 고객 수요 또한 넘쳐났다. 베드타운에 있다 강남으로 오니 정말 신세계였다. 그만큼 경쟁도 치열했지만 내가 노력하면 얼마든지 수요를 창출할 수 있는 기회의 땅임이 느껴졌다.

매일 아침 11시와 오후 4시

강남에 와서 처음 입사한 곳은 선릉역과 1분 거리인 메인 먹자골목 상권 1층에 위치한 목 좋은 자리였다. 자리가 좋은 만큼 직원들도 7~8명 정도로 많았다. 위치가 워낙 좋아서 '워킹 손님(특정인을 찾아온 손님이 아니라 우연히 들어온 손님을 말함)'이 많이 있었는데 나는 신입 사원이다 보니 고객이 나한테까지 안 돌아오는 것이었다. 그렇다고 마냥 기다릴 수가 없어 어떻게 할까 고민하다가 손수 A4 용지로 전단지를 만들어 붙이기 시작하였다.

선릉역은 1~10번 출구까지 총 10개의 출구가 있는데 나는 매일 아침 손수 만든 전단지 50장을 출구 근처의 전봇대에 붙였다. 지하철역에서 나오는 시야에서 잘 보이는 곳, 들어가는 시야에서 잘 보이는 곳 두 군데를 잡아 비가 오나 눈이 오나 매일 아침 11시와 오후 4시 하루 두 번씩 10개의 출구 근처에 꼬박꼬박 붙였다.

그 시간대를 택한 이유는 지하철 청소하는 분들이 청소하는 타임이 오전 9시와 오후 3시였기 때문이다. 내가 11시에 붙인 전단지는 빠르면 2시, 늦어도 3시까지는 붙어 있을 것이고 4시에 붙인 전단지는 적어도 그 다음 날 오전 9시까지는 붙어 있을 수 있었다.

드디어 계약 1등! 그러나…

전단지를 매일 두 번씩 붙이니 고객들의 문의가 끊임없이 들어왔다. 다양한 고객층을 끌어들일 수 있었고 보증금 500만 원에 월

30만 원의 옥탑 원룸부터 사무실, 상가, 오피스텔 등 닥치는 대로 계약서를 썼다.

입사 7일째부터 계약에 성공하기 시작하여 매월 10건에서 20건 씩 계약을 달성했고 매달 1등을 달성했다. 그리고 나는 워킹 손님을 안 받고 전단지로만 영업을 하니 워킹 손님은 직원들한테 나눠줄 수 있었기에 회사 입장에서는 효율적이기도했다. 계약도 잘하고 회사에도 도움이 되니 신임을 받기는 했는데, 어느 순간 한계에 부딪혔다. 아무리 열심히 해도 혼자서는 월 500만 원 이상 벌기가 어려웠던 것이다. 회의감이 들었다. 큰물에서 노는 것이 중요하다면, 이제 입지를 넘어서 '물건을 크게 잡을 때다!'라는 데 생각이 미쳤다. 부동산의 꽃인 빌딩 매매에 도전하고 싶었다.

결정과 행동이 모두 빠른 나는 곧 빌딩 매매 전문회사에 입사해 빌딩 매매 중개업으로 전향했다. 전월세만 하다가 갑자기 수십 억의 매매를 한다는 게 쉽지 않아 보였지만, 할 수 있다고 믿었다.

빌딩 매매 시장은 일반 부동산 중개하고는 완전히 다른 분야였다. 법규, 전문성, 광고, 물건 작업 등 중개업을 처음부터 다시 시작하는 것이나 마찬가지였다. 그 당시 결혼한 지도 얼마 안 되었고 아내가 출산도 앞두고 있어서 걱정이 이만저만이 아니었지만 다른 사람이 할 수 있다면 나도 할 수 있다고 스스로를 믿었다.

팀장한테 뒤통수 맞다

2010년 삼성동에 있는 빌딩 전문 회사에 입사하여 운 좋게 2개월 만에 건물을 계약하게 되었다. 로컬 부동산에 다닐 때 알던 고객으로 빌딩 매매를 찾던 분이라 팀장에게 소개했다. 팀으로 일한다는 의미를 믿었기에 팀장에게 고객 전화번호까지 순순히 넘겼다.

그런데 팀장은 그 후 내 고객과 둘이서만 상담을 진행하더니 성수동에 있는 55억 원 건물을 중개하고 말았다. 당시 나는 그 계약이 성사된 사실을 사내 게시판을 보고 알았다. 나한테는 한마디 말도 없이 계약을 성사시키고, 팀장은 수수료를 혼자 독차지했다.

내가 팀장에게 받은 것이라곤 내 거절을 한사코 막으며 억지로 선물받은 8만 원 상당의 패딩과 패키지로 다녀온 3박 5일의 필리핀 여행, 3개월에 걸쳐 100만 원씩 나누어 받은 게 다였다.

나는 월급 없이 일했기 때문에 인센티브를 높게 받아야 했다. 대략 계산해봐도 1,500만 원 이상의 돈을 못 받은 셈이었지만, 팀장은 인센티브를 물어보는 내게 오히려 화를 냈다. 억울하고 분한 마음에 한판 붙고 싶었지만 수업료라고 생각하고 꾹 참았다. 이런 사수는 어디에나 있을 것이다. 그러니 이 팀장에게서 업무적으로 배울 것만 꼬박꼬박 챙기자고 생각했다.

때가 오자 하산했다

입사한 지 10개월이 되었을 때 이제 독립할 수 있겠다는 생각이 들었다. 앞으로 나 혼자 헤쳐나가야 한다는 불안한 마음도 컸지만 날 속인 사람하고는 오랫동안 같이 할 수 없는 노릇이었다.

그길로 회사를 박차고 나왔다. 빌딩 매매에 입문한 지 10개월 만에 다른 중개법인 회사의 팀장으로 입사하였다. 강남에 있는 D 중개법인은 빌딩 매매 전문회사로 규모가 우리나라에서 가장 큰 곳 중 하나다. 내가 입사할 때는 60명 정도의 규모였는데 점차 회사가 성장하여 빌딩 업계에서는 명실상부한 회사가 되었다.

입사하자마자 운 좋게 첫 달에 2개의 빌딩 계약을 체결하면서 그동안 쌓아놓았던 일도 탄력을 받기 시작하였다. 나는 입사 후 퇴사하기 전까지 매일 아침 7시에서 8시 사이에 출근하였다. 입사 후 첫해 혼자서 6건의 매매계약을 체결하였고, 두 번째 해부터는 팀을 꾸려 매년 6~12건의 계약을 체결하였다. 매년 상위 랭킹에 올랐다. 그리고 마지막 해에는 3명이서 8개월 동안 16건의 계약을 체결하고 유종의 미를 거두고 퇴사할 수 있었다.

공유 시스템으로 새출발하다

2020년 9월, 나는 또다시 새로운 도전을 시도했다. 팀장으로 팀을 꾸려 성공한 경험이 내게 법인으로 출발하는 데 큰 용기를 주었다. 창립멤버 12명과 함께 빌딩중개법인을 차렸다.

'아나하빌딩중개법인'은 만 1년이 넘어선 현재(2021. 10.) 35명의 정직원과 구성원까지 합쳐 전 직원 수가 40명에 달한다.

빌딩 중개업 회사들 대부분은 개인 사업자로서 팀별로만 운영을 한다. 각 팀으로만 운영하기 때문에 팀 내에서만 정보를 얻을 수 있고 물건도 팀 내에서만 작업이 되어 정보가 많이 부족할 수밖에 없다. 이렇다 보니 한 회사에서 고객한테 동일한 문의를 여러 번 반복적으로 하는 경우가 생길 수밖에 없고 그런 이유 때문에 고객들은 큰 피로감을 느낄 수밖에 없다. 물건 작업이 비효율적이다 보니 물건 확보하기가 더욱 어려워질 수밖에 없다.

그리고 각자가 사비로 광고를 하다 보니 광고비가 많이 들어가고 비용 지출이 늘어나기에 계약이 안 나오면 운영에 부담이 되어 중도 포기하는 사람도 많이 생긴다. 이런 단점을 보완하기 위해 우리는 매달 수백만 원에 달하는 광고비를 회사에서 지원하는 시스템을 구축했다. 그리고 직원들에게는 고객 정보를 일괄적으로 제공하고 있어 직원들이 광고에 신경 안 쓰고 일만 할 수 있게 했다.

또한 물건 자료는 회사 내에서 100% 공유할 수 있어 중복으로 물건 작업을 할 필요가 없게 했다. 그리고 물건 작업할 때 필요한 인력과 DM 등을 회사에서 먼저 작업하고 나서 직원들이 작업하기 때문에 빠른 시간 안에 효율적으로 작업할 수 있도록 지원하고 있다. 직원들이 부담스러울 만한 광고비 전부와 물건 작업 일부를 회사에서 지원하기 때문에 직원들은 고객한테 많은 시간을 할애할 수 있어 고객들의 만족도가 높으며, 회사 창립 후 두 달째부터 꾸준히 한 달에 평균 9개 정도의 계약을 체결하고 있다. 이런 합리적인 시스템은 고스란히 직원들의 실적으로 돌아왔다. 신입 직원은 입사 후 7개의 계약(지금은 10개 계약으로 바뀌었다)을 체결해야 팀장으로 올라갈 수 있는데 신입으로 들어온 직원의 80% 이상이 6개월도 안 되어 팀장으로 승진하였고, 지금은 팀원들까지 꾸려 일취월장하고 있다.

회사는 논현역 5번 출구 1분 거리에 있는 4층 건물 전체를 쓰고 있다. '빌딩'은 나를 강남의 중심가, 대한민국 부동산의 심장부로 이끌었다. 똑똑한 아파트보다 확실한 빌딩으로 미래를 설계하고자 하는 꿈을 빌딩이 내게 심어주었듯이, 우리 회사 팀원들의 목표와 꿈도 빌딩이 실현하게 해줄 것이라고 나는 확신한다.

인구는 줄어드는데
부동산은 왜 자꾸 오를까?

부동산 거품? 맞기도 하고 틀리기도 하다

2014년부터 대한민국 아파트는 가파르게 상승했다. 정부의 각종 규제에도 오히려 시장은 반대로 움직였다. 집값을 잡겠다고 호언장담했던 문재인 정부의 말만 믿고 집을 팔거나 무주택자로 그냥 머물러 있던 이들은 천정부지로 치솟는 아파트값에 스스로를 '부린이', '벼락거지' 같은 말로 부르며 깊은 절망감에 빠질 수밖에 없었다. 뒤늦게 아파트 시장에 뛰어든 이들은 '영(혼까지)끌(어모아)' 투자를 감행했고 시장은 2020년까지 과열 양상을 띠었다.

이에 정부는 총 25여 차례의 각종 규제를 내놓으며 아파트 투자로는 더 이상 돈을 벌 수 없으리라는 시그널을 계속 시장에 보내왔다. 그 결과 2021년, 아파트의 상승세는 다소 주춤하는 모양새다. 일부 언론에서는 "현재 부동산 가격이 완전 거품이다", "언제 터질지 모른다", "저출산 시대이기에 앞으로 부동산 가격은 떨어질 수밖에 없다"라고 한다. 이 말은 맞는 말이기도 하고 틀린 말이기도 하다. 저출산으로 인구가 줄어들면 당연히 그 지역은 쇠퇴하여 수요가 줄어들고 부동산 가격은 떨어질 수밖에 없게 된다. 특히 지방은 앞으로 점점 젊은 사람들이 줄어들 것이다. 시골에서는 지금도 젊은 사람들이 없어 외국인 노동자들이 대신 그 일을 하고 있다.

도쿄 땅값, 평당 20억 시대

일본의 경우, 이미 많은 시골 마을이 유령 마을로 바뀌었다. 그런데 일본의 수도인 도쿄는 현재(2021년 6월) 하루가 다르게 부동산 가격이 올라가고 있다. 도쿄의 땅값은 지난 2019년 기준 평당 20억 원에 육박했으며 이 상승세가 계속해서 이어지고 있는 것이다. 그렇다면 지방 도시는 폭락하는데 왜 도쿄 땅값은 올라가는 걸까?

많은 경제학자가 우리나라 경제는 일본의 경제 과정을 비슷하게 따라간다고 말한다. 이를 증명하듯, 현재 서울의 토지 가격도 꾸준히 상승하는 중이다. 그렇다면 현재 서울과 도쿄의 토지 가격은 왜 올라가는 걸까? 그 이유 중 하나는 바로 인프라 때문이다. 젊은 사람들은 교육과 일자리, 결혼 등의 이유로 수도권으로 모이고 있다. 지방은 인구가 줄어들고 있지만 수도권은 점점 인구가 늘어나고 있다. 즉, 공급이 수요를 못 받쳐주니까 계속 올라가는 거다. 토지의 공급은 한정적인데 수요는 끊임없이 몰리고 있다. 그런데 이제 외국인까지 와서 한몫 거든다.

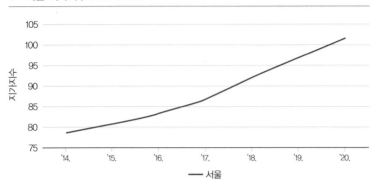

▶ 서울 지가지수 2014~2020

지역	'14.	'15.	'16.	'17.	'18.	'19.	'20.
서울	78,683	80,798	83,201	86,791	92,097	96,966	101,624

▶ 서울, 인천, 경기 아파트 실거래가 지수 동향 2014~2021

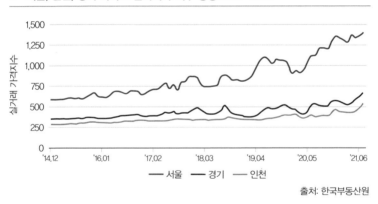

출처: 한국부동산원

〈국민일보〉(지난해 외국인 부동산 거래 절반 이상이 '차이나 머니', 2021. 2. 16.)는 2020년 외국인 부동산 거래량이 5년 중 최고치를 달성했다고 밝혔다. 외국인 부동산 거래량은 2만 6천 8백여 건, 거래 액수로 치면 약 11조 2천 4백억 원이 넘어섰다.

그중에 특히 중국인들이 쇼핑하듯이 부동산을 사들이고 있다. 부동산은 이제 양극화로 갈 것이다. 오르는 곳은 계속 오르고 떨어지거나 정체되는 곳은 계속 그 상태를 유지할 것이다. 꺼질 거품과 유지될 거품을 구별해야 할 때다. 이를 뒷받침하듯 한국부동산원이 발표한 서울 지가지수는 2014년부터 꾸준히 우상향하는 것을 알 수 있으며 서울, 경기, 인천 등 수도권의 아파트 매매 평균가격도 2014년부터 2021까지 꾸준히 상승하는 것으로 나타났다.

통일 변수도 생각하자

〈한국경제〉(OECD, 올해 韓 성장률 3.8% 전망… 두 달 새 0.5%p 상향, 2021. 5. 31.)에 따르면 우리나라 경제는 2021년 기준 빠른 회복세를 보이고 있다. 경제협력개발기구(OECD)는 2021년 한국 경제성장률을 3.8%로 전망했다. 이는 지난 3월 전망치(3.3%)보다 0.5%포인트 높은 수치다. OECD 전망대로 나는 앞으로도 우리나라의 경제성장은 계속 우상향할 것으로 본다. 안정된 경제성장과 서울과 수도권의 인구 집중, 외국인 수요에 더해 우리는 통일이라는 변수도 생각해야 한다. 다국적 투자회사 골드만삭스는 우리나라가 통일이 되면 세계 경제대국 2위로 올라설 것을 전망하기도 했다.

그러면 통일이 되면 어떤 일이 벌어질까? 수도권에 있는 인구들이 북한으로 다 올라갈까? 아니면 북한 사람들이 우리나라로 내려올까? 대부분의 북한 사람은 먹고 살기 위한 일자리 문제로 내려올 것이다. 그렇게 되면 서울은 지금보다 더 심각하게 공급이 부족해질 수밖에 없다. 일본에 비하면 우리나라 부동산 가격은 결코 비싼 금액이 아니다. 그렇기 때문에 앞으로 우리나라가 지속적으로 경제성장을 한다면 실물자산 가치는 더욱더 올라갈 것으로 보고 있다.

아파트보다 유리한 빌딩
투자 조건 5가지

아파트 투자, 세금 내면 이득 없다

이제는 아파트 시장이 과거처럼 막 오르는 시대는 끝났다. 2020년 7·10 부동산 대책 이후 대출 규제, 취득세율이 대폭 인상되면서(2주택 이상 시 양도세, 취득세, 중과세, 보유세 인상) 2주택 이상인 사람은 세금을 내고 나면 남는 게 없기 때문에 사실상 한 사람이 두 채 이상 가질 수가 없는 시대가 왔다. 1가구 1주택 소유를 제외한 다주택자에게 증세한다는 문재인 정부의 방침은 앞으로도 계속 유지될 것으로 판단된다. 이는 무주택자가 아니고는 더 이상의 갭투자가 불가능함을 의미한다. 발 빠른 투자자들은 이미 정부의 아파트 규제 정책이 쏟아지면서부터 빌딩 투자로 눈을 돌린 상태다. 빌딩 투자는 대출 규제, 각종 세금으로부터 자유롭기 때문이다. 또 임대수익과 시세차익을 동시에 누릴 수 있는 장점도 있다. 그렇다면 빌딩 투자가 아파트 투자와 다른 점은 무엇일까?

빌딩 투자, 이것이 다르다

빌딩 투자가 아파트 투자와 다른 점은 다음과 같다.

LTV 70%까지 대출이 가능하다

가령 서울에서 아파트를 구입할 경우 2021년 기준 9억 원 이하 아파트는 주택담보대출비율, 즉 LTV(Loan To Value ratio: 주택을 담보로 돈을 빌릴 때 인정되는 자산가치의 비율) 40%를 적용받으며, 9억 원이 초과하는 아파트는 초과 부분에 대해서 LTV 20%만 적용받는다. 더군다나 15억 원 이상 주택은 대출을 받을 수 없다. 하지만 빌딩은 LTV 70%까지 적용받아서 20억 원의 빌딩 매입 시 14억까지 대출이 가능하다.

취득세율이 일반세율로 중과세가 없다

서울에 주택 매입 시 취득세는 2주택 시 매매가액의 8%, 3주택 시 12%의 취득세를 납부해야 한다. 가령 10억 원 아파트를 매입할 경우 2주택 시 8천만 원을 세금으로 내야 하고 3주택 시에는 1억 2천만 원을 내야 한다. 그러나 빌딩은 여러 채를 보유하더라도 이런 중과세가 적용되지 않는다.

양도세는 일반세율을 적용받는다

빌딩은 양도소득세도 일반세율을 적용한다. 아파트의 경우(장기보유특별공제 제외) 양도 차익에 따라 3억 원 초과~5억 원 이하는

40%, 5억 원 초과~10억 원 이하는 42%, 10억 원 초과는 최고 45%까지 세율이 적용된다. 또 2주택자는 중과세가 적용되어 조정대상지역은 20%, 3주택자는 30%가 중과된다. 따라서 2주택 시 양도차익의 60~65%, 3주택 시 70~75%까지 세금을 내야 한다.

가령 2주택자가 10억 원 아파트를 팔아서 5억 원이 남는다면 5억 원의 60%인 3억 원을 세금으로 내야 하고, 3주택자라면 3억 5천만 원을 세금으로 납부해야 한다. 그러나 빌딩은 여러 채를 거래하더라도 양도세 중과제도가 적용되지 않는다. 빌딩 두 채 소유자든 세 채 소유자든 양도세율 최고 구간인 최고 42%만 내면 된다.

종부세가 없다

주택은 보유세로 재산세(0.1~0.4%)와 종합부동산세(감정가에 따라 0.6~3%까지 차등 적용)를 내지만 빌딩은 보유세로 재산세만 내면 된다(단, 공시가격 80억 원 이상은 종부세 있음). 가령 서울에 아파트 두 채 공시가격 합이 20억 원이라면 1년에 약 1,900만 원 정도의 보유세가 나온다. 그러나 빌딩은 두 채 이상이라 하더라도 공시가격 합이 90억 원이 넘지 않으면 안 내도 된다.

매입 시 자금조달계획서를 제출하지 않아도 된다

매매 거래를 할 때 반드시 구청에 부동산실거래 신고를 해야 하는데 주택은 무조건 자금조달계획서를 제출해야 한다. 가령 10억 원 주택을 전세보증금 6억 원을 끼고 매매한다고 했을 때 대출 2억 원, 현금 2억 원으로 매매할 계획이라면 현금에 대해서 예금잔액증명서를 제출해야 한다. 가끔은 현금 2억 원의 출처가 어디에서 왔는지 밝혀야 할 때도 있다. 근로소득세나 사업소득세를 첨부해야 할 때도 있고 부모에게 빌릴 경우에는 차용증과 매월 이자 낸 서류를 제출해야 하는데 이는 편법 증여를 막기 위함이다. 그러나 빌딩은 자금조달계획서 없이 부동산실거래 신고를 해도 된다.

갈 곳 잃은 투자 자금, 정착지는 빌딩

앞에서 살펴보았듯 빌딩은 아파트와 달리 세금과 대출 규제가 없다. 그래서 갭투자가 얼마든지 가능하다. 그러나 문재인 정부는 강력한 부동산 정책을 실시해 실거주 한 채 외에는 아파트로 인한 투자를 원천 봉쇄하는 정책을 폈다. 대출 규제와 각종 세금 중과세로 아파트 갭투자로 자산을 불리는 방법은 이제 실질적으로 불가능해졌다. 〈한국경제〉("다 막히자 돈 몰리네" 매매만 35조 '역대 최대'. 2021. 11. 7.)는 2021년 서울 수익형부동산의 건축물 주용도별 매매 건수가 공연장·사진관 등이 포함되는 제2종 근린생활이 5천 182건으로 가장 많았다고 썼다. 이는 코로나19에 따른 정부의 경기부양책으로 시중에 풀린 풍부한 유동자금이 상당 부분 수익형 부동산에 유입된 것으로 분석된다. 서울의 1~9월 상업·업무용 부동산 매매 총액인 35조 원은 최근 5년 새 가장 큰 수치이며, 이런 투자 열풍에 힘입어 공동투자도 활성화될 것으로 보인다.

그러나 빌딩 투자는 여전히 갭투자의 길이 열려 있다. 이제는 지인과 함께 공동투자를 활용하여 빌딩에 갭투자를 해야 할 때다. 적게는 3천만 원에서 1억 원 정도 있으면 여러 명이 공동투자로 빌딩을 살 수 있다. 빌딩 투자가 좋은 점은 갭투자가 여전히 가능하다는 점에 더해 임대수익도 기대할 수 있다는 점이다. 빌딩은 임대료가 들어온다. 노후 대책으로 빌딩만 한 것도 없다.

일례로 인천 부평구 부평동에 위치한 7층짜리 건물은 2021년 4월에 9억 3천만 원에 매입됐는데, 2021년 10월 기준 임대료 및 관리비로 매월 395만 원이 들어온다. 이는 수익률 5.3%에 달하는 수치다. 아울러 부평역은 향후 GTX-B 노선이 들어오는 곳으로 투자가치 또한 매우 높다고 할 수 있다.

수익률 5.3%인 부평동의 7층짜리 건물

2021년 바뀐 부동산 정책 총정리

양도소득세(주택에 한함, 근린생활시설은 기존대로 유지)

• 주택을 매각 시 2주택에 부과되던 중과세율 10%(기본세율+중과세율 10%)가 2021년 6월 1일 이후부터는 20%(기본세율+중과세율 20%)로 증가되었다. 또한 3주택 이상 보유한 가구에 대해서는 기존 중과세율 20%(기본세율+중과세율 20%)에서 30%(기본세율+중과세율 30%)로 증가하였다.

• 2021년 1월 이후부터는 조정대상지역 내의 분양권도 주택 수에 포함되어 양도소득세 과세 대상이다(단, 1월1일 이후부터 취득한 경우).

• 1가구 1주택 비과세 보유 기간 산정 방식이 바뀌어 2021년 1월 이후에는 2주택 이상 보유했던 세대가 다른 주택을 양도하고 1주택밖에 없어도 1가구 1주택 세금을 면제받으려면 1주택이 된 날부터 2년이 지나야만 비과세가 된다. 단, 일시적인 2가구는 제외된다(일시적 2가구의 기준은 기존 주택을 1년 이내에 처분하는 조건).

• 과거에는 양도차액이 5억 원 초과에 한해 최대 구간인 세율 42%가

▶ **양도세 개정 전후**

구분		세율	
		개정 전	개정 후
조정대상지역 소재 주택	2주택자	기본세율 + 10%	기본세율 + 20%
	3주택자	기본세율 + 20%	기본세율 + 30%
	분양권	50%	1년 미만 → 70% 2년 미만 → 60% (조정지역 구분×)
주택 보유 기간별	1년 미만 보유 주택 및 조합원입주권	40%	70%
	2년 이상 2년 미만 주택 및 조합원입주권	기본세율	60%
	2년 이상 주택 및 조합원입주권	기본세율	기본세율

출처: 기획재정부

적용되었지만 2021년 1월부터는 10억 원 초과 기준이 생겨 최고 구간인 45% 세율이 인상 적용된다.

• 과거에는 주택을 1년 미만 보유 후 양도시 양도소득세 중과세율 40%가 적용되었는데 이제는 1년 미만 70%, 1년 이상 2년 미만 보유 시 60%의 중과세율이 적용된다.

종합부동산세

• 과거 2주택 이하 보유자는 0.5~2.7%에서 2021년 1월부터 0.6~3% 내 과세표준 구간별로 적용된다. 조정대상지역 내의 2주택자나 3주택 이상 보유자는 기존 0.6~ 3.2%에서 2021년 1월부터는 1.2~6%까지 세율이 적용된다.

▶ 종합부동산세 개정 전후

개정 전	개정 후
개인, 법인 구분 없음 2주택 이하 0.5~2.7% 조정지역 2주택 및 비조정지역 3주택 0.6~3.2%	개인 세율 인상 및 법인 단일세율 • 개인: 2주택 이하 0.6~3% 　조정지역 2주택 및 　비조정지역 3주택 1.3~6% • 법인: 2주택 이하 3% 　조정지역 2주택, 비조정지역 3주택 6%
개인, 법인 구분 없이 6억 원 기본공제	법인 주택 6억 원 기본공제 폐지
개인, 법인 구분 없이 세부담 상한 2주택 이하 150% 조정지역 2주택 200% 3주택 300%	개인 상한 인상 및 법인 상한 폐지 2주택 이하 150% 조정지역 2주택 이상 300% 법인 보유 주택 세부담 상한 폐지
1세대 1주택 세액공제 고령자 공제: 10~30% 장기보유 공제: 20~50% 공제 한도: 70%	1세대 1주택 세액공제 확대 고령자 공제: 20~40% 장기보유 공제: 20~50% 공제 한도: 80%

출처: 기획재정부

▶ 종합부동산세율 개정 후 인상 상세 내용

과세표준	2주택 이하	3주택 이상 + 조정대상지역 2주택
3억 원 이하	0.6%	1.2%
3억~6억 원 이하	0.8%	1.6%
6억~12억 원 이하	1.2%	2.2%
12억~50억 원 이하	1.6%	3.6%
50억~94억 원 이하	2.2%	5.0%
94억 원 초과	3.0%	6.0%

출처: 기획재정부

- 법인이 보유한 주택은 2주택 이하는 기존 0.5~2.7%에서 3%로 개정되었고, 3주택 이상은 6%로 개정되었다. 기존에 받던 6억 원 기본공제도 법인은 폐지되었다(개인은 유지).
- 종합부동산세는 주택으로 한정된다. 올근생(전체가 근린생활시설인 건물)은 기준시가로(각종 과세액을 부과하는 기준 가격) 90억 원 이상일 경우에만 적용되기 때문에 꼬마빌딩을 매입하는 투자자들에게는 해당이 안 된다.

장기보유특별공제

- 기존 장기보유특별공제는 보유만 하고 있어도 연 8%까지 세제 혜택을 받을 수 있었지만 2021년 1월부터는 1년마다 4%씩 공제되고 보유역시 1년마다 연 4%씩 공제되어 오래 보유해야 합산하여 세제 혜택을 받을 수 있게 되었다.

▶ 장기보유특별공제

현행		개정			
보유 기간	공제율(%)	보유 기간	공제율(%)	거주 기간	공제율(%)
3년 이상~ 4년 미만	24%	3년 이상~ 4년 미만	12%	3년 이상~ 4년 미만	12%
4년 이상~ 5년 미만	32%	4년 이상~ 5년 미만	16%	4년 이상~ 5년 미만	16%
5년 이상~ 6년 미만	40%	4년 이상~ 5년 미만	20%	4년 이상~ 5년 미만	20%
5년 이상~ 6년 미만	48%	5년 이상~ 6년 미만	24%	5년 이상~ 6년 미만	24%
6년 이상~ 7년 미만	56%	6년 이상~ 7년 미만	28%	6년 이상~ 7년 미만	28%
7년 이상~ 8년 미만	64%	7년 이상~ 8년 미만	32%	7년 이상~ 8년 미만	32%
8년 이상~ 9년 미만	72%	8년 이상~ 9년 미만	36%	8년 이상~ 9년 미만	36%
10년 이상~	80%	10년 이상~	40%	10년 이상~	40%
				2년 이상~ 3년 미만	8%

출처: 기획재정부

수익률 2.5%에도
빌딩 투자가 성공하는 이유

꼬마빌딩이 주도하는 빌딩 시장

코로나19로 인해서 성장률은 마이너스이고 실업률, 취업률은 역대급으로 안 좋은 상황이다. 또한 자영업자들은 누구보다 고통받고 어려움을 토하고 있다. 그런데도 불구하고 건물 가격은 꾸준히 상승하고 있다.

〈매일경제〉(서울 상업·업무용 빌딩 거래 역대 최다… 꼬마빌딩이 60% 차지, 2021. 7. 25.)에 따르면 2021년 기준 상반기 서울의 상업·업무용 빌딩 거래는 2천 36건으로 작년 상반기 거래량인 1천 434건보다 42.0% 증가했다고 한다. 거래 금액은 18조 4천억 원으로 지난해(9조 9천억 원) 대비 85.6% 늘어났고, 이는 국토교통부가 실거래가를 공개한 2006년 이후 상반기 기준 최다 거래량이자 최고 거래 금액이라고 썼다.

아울러 거래 금액대별로 보면 10억~50억 원 이하 빌딩이

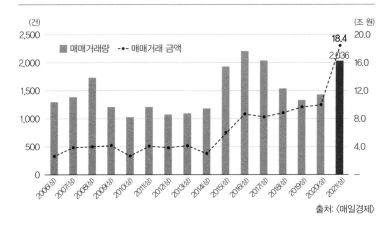

▶ 서울시 연도별(상반기) 상업·업무용 빌딩 매매 거래량 및 매매거래 금액

출처: 〈매일경제〉

46.9%로 가장 많았고, 50억~100억 원 이하 19.6%, 100억~300억 원 이하 14.8%, 10억 원 미만 13.6%, 300억 원 이상 5.0% 등이었다고 밝혔다.

이른바 '꼬마 빌딩(연면적 100~3천㎡)'으로 불리는 50억 원 미만의 빌딩 거래가 10건 중 6건을 차지한 것이다. 면적 기준으로 봐도 '꼬마 빌딩'의 거래는 1천 535건으로, 전체 거래의 75.4%를 차지했고, 거래 금액은 10조 6천억 원으로 작년 상반기 대비 79.0% 증가한 것이다.

이처럼 코로나19인데도 불구하고 건물 가격은 왜 걷잡을 수 없이 올라가는 것일까?

건물 가격은 'always' 상승한다

유동성 때문이다

코로나19 피해를 복구하기 위해 전 세계적으로 각 나라에서는 돈을 한도 끝도 없이 풀고 있다. 우리나라도 마찬가지다.

〈매일경제〉("돈 줄게, 땅 다오"…3기 신도시 토지보상금 50조 풀린다. 2021. 2. 17.)에 따르면 돈이 많이 풀렸는데도 돈이 어디 갈 데가 없다. 10억 원을 은행에 넣어봤자 한 달에 이자가 68만 원 정도밖에 안 된다. 결국 은행에 돈을 넣어도 세금 떼면 제로 금리나 마찬가지라 그 돈이 부동산 투자로 오는 것이다. 그리고 2021년과 2022년 3기 신도시와 인천 토지보상금 명목으로 50조 원이 풀린다는데, 그 50조가 다 어디로 갈까? 부동산으로 한번 재미를 봤기 때문에 결국 부동산으로 번 돈은 다시 부동산으로 올 수밖에 없는 것이다.

인플레이션 때문이다

이렇듯 돈의 가치는 점점 떨어지고 있다. 코로나19로 인해 경기는 불황인데 왜 비트코인은 사상 최고치를 찍고, 주식도 사상 최고치를 연일 갱신할까? 돈이 갈 데가 없기 때문이다. 앞으로 이런 현상은 더욱 가속화될 것이다.

2021년 1월 〈한국경제〉를 비롯한 국내 언론들은 "30년간 못 봤던 인플레이션이 온다"라는 월가의 예측 기사를 크게 실었다. 이는 코로나19 여파로 미국을 비롯한 세계 각국이 천문학적인 유동성

공급을 한 게 원인이다. 물가가 상승하면 실물자산은 올라갈 수밖에 없다. 인플레이션 우려가 커지면서 비현금성 대체 자산으로 부동산이 고공행진을 하고 있는 것이다. 결국 경제가 안 좋은데도 건물 가격이 올라가는 이유는 돈의 가치가 떨어져서다.

아파트가 규제로 묶여 있기 때문이다

2020년까지만 해도 전세 끼고 아파트에 투자하여 여러 채를 가질 수 있었다. 그런데 이제는 여러 채를 가질 수 없는 시대가 왔다. 왜냐하면 2021년 6월부터 다주택자는 취득세, 양도세, 보유세가 중과세되면서 갭투자가 사실상 불가능해졌기 때문이다. 또한 대출 규제가 엄격해져 주택 매입이 더욱 어려워졌다. 그래서 아파트에 들어가던 돈들이 빌딩으로 오는 것이다. 아파트 하나 팔면 5억~10억 원 정도가 나온다. 여기에 대출을 얹히면 20억~30억 원 정도의 건물을 매입할 수 있다.

빌딩, 수익률은 생각하지 마라

불과 5~6년 전까지만 하더라도 서울 빌딩 평균 수익률은 4%를 상회했다. 그러나 2021년 현재 수도권 평균 수익률은 2.5% 수준까지 떨어졌다. 땅값이 올라가면서 수익률이 떨어진 것이다. 앞으로 땅값은 계속 올라갈 것이기에 지금보다 수익률은 더 떨어질 것이다. 이런 이유 때문에 빌딩 거래를 꺼리는 사람들도 많이 만난다.

투자자들 가운데는 수익률이 이렇게 낮은데 왜 빌딩을 사야 하느냐고 되묻는 사람도 많다. 2020년까지만 해도 월세받은 것으로 대출 이자를 내고 나머지 여유 자금도 생겼기 때문이다. 그런데 그 사이에 땅값이 많이 오르면서 수익률이 많이 떨어졌다. 특히 강남 건물 같은 경우는 월세로 이자 감당이라도 하면 다행일 정도가 되었다. 그럼에도 불구하고 강남 건물은 없어서 못 팔고 있는 지경이다. 강남 외 위치 좋은 서울 건물 역시 땅값이 높아 대출 이자 정도밖에 안 되는 수준에 도달했다.

그런데도 끊임없이 빌딩 거래가 되는 이유가 뭘까? 바로 땅의 가치 때문이다. 땅의 위치로 인해 빌딩의 가치가 매겨지는 것이다. 땅 위에 건축물이 있고 월세가 나오면 그 가치는 더욱 높아지겠지만 건축물이 없거나 월세가 안 나온다고 하더라도 땅이 가치가 없는 것이 아니다. 건축물의 가치는 일부분이다. 건물이 높고 번듯하면 누구나 좋아할 것이지만 땅이 어디에 있느냐에 따라 건축물의 가치가 달라진다.

예를 들어 지방 소도시 읍내도 아닌 산골짜기 깊숙한 곳에 있는 15층짜리 건물은 아무리 번듯하고 세련되게 지어놓았더라도 빌딩의 가치는 제로에 가까울 것이다. 반면에 강남 한복판의 15층 건물은 연식이 오래되고 낡았더라도 가치를 따진다면 120%에 달할 것이다. 이제는 빌딩 투자도 아파트와 같이 시세차익 투자로 바뀌는 시대가 되었다.

현재 강남이나 서울은 끊임없이 개발되고 있다. 앞으로도 지역마다 개발할 소재가 무궁무진하다. 개발이 되고 있는 한 땅값은 오르기 마련이다.

빌딩 투자자가 쉽게 범하는 실수가 있다면 수익률에 너무 의존한다는 것이다. 빌딩을 매입하기만 하면 월세받는 것으로 골프 치러 다니고 여행 다닐 수 있다고 생각한다. 그러나 이는 착각이다. 위치도 좋으면서 월세도 잘 나오는 건물은 대한민국에는 없다. 좋은 입지일수록 수익률은 안 나온다. 이럴 때는 수익률이 안 나오는 상태로 사서 땅값이 올라갈 때까지 버텨야 한다. 아니면 높은 월세를 낼 수 있는 임차인으로 바꾸거나 여건이 된다면 리모델링 및 신축을 해서 수익률을 끌어올려야 한다. 이럴 자신이 없다면 낮은 수익률을 견디며 가지고 가기를 권한다.

땅값이 올라서 시세차익 보고 매각할 때까지 기다리는 자가 이긴다. 이자를 내고도 생활비가 나올 정도의 월세를 받아야 한다면 대출 없이 빌딩을 매입하면 된다. 그게 아니라면 경기도나 지방에 있는 건물을 알아보자.

안정된 삶은 스스로 찾아야 한다

투자는 긍정적인 믿음이 중요하다. 저축 소득만으로는 안전한 자산 형성이 불가능해졌다. 근로소득만으로 노후를 준비할 수 있는 시대도 아니다. 이제 자산은 언제, 어떻게, 무엇에 투자하느냐에 따라 그 결과가 달라질 것이다. 미래가 불투명하다고 생각하면 그 어떤 것에도 투자할 수 없게 된다.

　투자는 리스크를 감수하면서 자신의 미래를 위해 도전하는 행동이다. 행동이 없으면 결과도 없다. 누구나 편안하고 안정된 삶을 꿈꾼다. 지금은 그 삶을 위해 스스로 공부하고 준비하는 사람만이 안정된 미래에 한 발 더 다가서게 될 것이다.

2장

이것만 알면 당신도
빌딩주 될 수 있다

두려움을
버려야산다

당신이 빌딩을 못 사는 이유

인터넷에서 물건 하나 사더라도 더 싼 게 없을까 하고 이러저리 손품 팔다가 다른 일로 바빠서 놓치는 경우가 허다하다. 하물며 100~200만 원도 아니고 수십 억 원씩 하는 빌딩 구매 결정이라면 말해 무엇할까? 10년 넘게 이 일을 해온 나 역시 막상 내 빌딩을 사려고 하면 막판에 많은 고민을 하는 게 사실이다. 그러니 처음 건물을 사는 사람들의 결정이 늦는 것은 당연한 일일 것이다.

그런가 하면 빌딩을 수개월 아니 수년 동안 본 사람들은 또 그들대로 혹시나 더 좋은 건물이 있는지, 비싼 건 아닌지, 제2의 IMF가 오는 건 아닌지 등 이런저런 염려로 쉽사리 결단을 내리지 못하기도 한다. 이렇듯 빌딩을 쉽게 사지 못하는 이유는 사람마다, 조건마다 다양하게 나타난다. 여기서는 사람들이 빌딩을 못 사는 대표적인 이유 몇 가지를 소개하겠다.

빌딩을 너무 많이 본다

빌딩을 많이 보는 게 좋다고 생각하는 사람들이 많은데, 오히려 많이 보면 볼수록 결정하기가 어렵다. 오히려 1~2년 동안 발품만 연신 팔며 몇십 채, 심지어는 몇백 채의 빌딩을 구경한 사람들이 더 못 사는 경우가 많다. 빌딩을 너무 많이 보게 되면 나중에는 건물이 다 비슷해 보이기 때문에 오히려 중심이 안 잡히고 헷갈리기만 한다.

지나치게 깎으려고만 한다

100억 원인 빌딩을 살 때 5억 원을 깎을 수 있다고 치자. 그런데 어떤 분이 30억 원 빌딩을 사면서 10%는 깎아야 한다며 3억 원을 깎으려고 한다. 과연 가능할까? 요즘에는 매도 우위 시장이다 보니 깎는 게 참 어려워졌다. 건물이 20억 원이어도 5천만 원도 잘 안 깎아준다. 왜냐하면 안 팔고 가지고 있으면 계속 올라가기 때문이다. 안 깎아줘도 다 팔리는데 1억~2억 원씩 깎아줄 이유가 없다.

만약에 내가 원하는 지역에 원하던 건물이 나왔다면 좀 더 준다고 생각하고 매입하여야 내 것이 될 수 있다. 빌딩을 둘러보면 알겠지만 막상 내가 원하는 빌딩을 찾기란 하늘에서 별따기만큼 어렵기 때문이다. 정말 좋은 빌딩들은 1~2억 원을 더 주고 산다고 하더라도 몇 개월이면 그 가격을 다 뽑고도 남는다.

급매물만 찾는다

매수자 중에 급매물만 찾으러 돌아다니는 분이 있다. 물론 급매물 찾는 게 나쁜 게 아니고 누구나 싸고 좋은 것 사고 싶은 마음은 같다. 그런데 빌딩 사러 다녀본 이들은 알겠지만 요즘 급매물이 어디 있나? 빌딩 시장은 하루가 다르게 건물 가격이 올라가고 있다. 급매물로 안 내놔도 다 팔리는데 급매물로 팔 이유가 없다. 급매물 찾다가 허송세월 다 보내면 남의 빌딩 가격 오르는 것만 멀찌감치 떨어져 지켜볼 수밖에 없다.

빌딩 폭락하기를 기다린다

빌딩 가격이 떨어지길 기다리는 사람들의 특징은 대체로 몇 년 전에 빌딩을 사려다가 놓친 사람들로, 대부분 몇 년 전 가격만 생각하고 현재 시세는 거품으로 본다. 언젠가는 다시 떨어지겠지 하고 현실감 전혀 없이 무작정 기다리기만 한다. 급매가 나왔다고 소개해주어도 더 떨어질 거라고 좀 더 지켜보겠다고 한다. 눈에 보이는 건 믿지 않고 불가능한 미래에 희망을 걸고 있다.

부동산이든 주식이든 투자는 생각을 유연하게 하면서 공부를 해야 한다. 요즘 유튜브나 네이버에 '빌딩 투자' 키워드로 검색하면 많은 정보를 받을 수 있다. 예전에 못 산 것은 수업료라고 생각하자. 누구나 그런 경험들을 직간접적으로 한 번쯤은 해봤을 것이다.

나는 신혼 초에 마곡지구 내에 있는 아파트가 청약으로 당첨되었는데 아내가 소득이 없다는 이유만으로 당첨이 취소되었다. 그런데 이 아파트가 얼마 있다 두 배가 넘게 뛰었다. 몇 년간은 억울하고 분하여 그 앞으로는 지나가지도 않았었다. 그런 후에 다른 걸 사고 그게 다행히 많이 올라가니 마음이 추스러져 이제는 괜찮아 졌지만 몇 년간 그것만 생각하면 마음이 안 좋았던 기억이 있다.

그러나 그런 일은 빨리 잊어야 한다. 이미 지나간 일 후회해봤자 무슨 소용이 있나. 내 마음만 아플 뿐이다. 이럴 땐 다른 부동산을 통해 보상받아야 한다. 지금이라도 늦지 않았다. 늦었다고 생각할 때가 가장 빠르다는 말도 있지 않은가.

70%만 보고 판단하고 결정하라

오랫동안 빌딩 매입 결정을 못하는 투자자들이 많이 있다. 대체로 이런 분들은 완벽한 빌딩을 찾고 있으며, 작은 거 하나까지 너무 많이 따져본다. 어떤 분은 임대료가 보증금 1천만 원에 월세 60만 원 나오는 소형 사무실인데 회사 매출이 얼마나 되는지까지 확인해달라고 한다. 그 임차인이 사업이 잘 안 된다면 월세 못 낼 텐데 하면서 아직 오지도 않은 미래까지 걱정하고 있다.

마음먹고 단점만 본다면 단점만 보일 수밖에 없고 나중에는 색 안경을 끼고 빌딩을 바라보게 되어 결국 결정을 못하고 겉돌고 만다. 하나하나 다 따져간다면 대한민국에 살 수 있는 빌딩이 어디에 있을까? 사람도 완벽한 사람은 없다. 보기에는 완벽해 보여도 돋보기로 관찰하면 허점이 여러 군데 보일 것이다. 이는 빌딩도 마찬가지다. 대체로 결혼을 못하는 사람들의 특징은 배우자 될 사람을 너무 많이 따지는 경우가 많다.

대체로 이런 사람들은 완벽한 사람, 완벽한 빌딩을 만나고 싶어 하는 경향이 있다. 이상형은 못 만나니까 이상형이 아니겠나. 무엇이든 장점이 있으면 단점이 있다. 빌딩은 내가 끼고 살 것이 아니기에 외형이 못생기고 내부가 더러워도 상관없지 않은가? 큰 욕심 내지 말고 70% 정도 마음에 들면 결정을 해야 한다. 부동산의 가치는 세월이 지나면 200% 이상 채워줄 것이다. 수도권 내의 빌딩은 떨어질 리 없기 때문이다. 작은 단점 때문에 미래의 큰 이익을 못 보는 실수를 범하지 말기를 바란다.

타이밍을
잡아라

투자 타이밍은 언제나 '지금'이다

모든 투자는 타이밍이 중요하다. 투자의 가장 기본적인 원칙은 싸게 사서 비싸게 파는 것이다. 빌딩은 큰 돈이 들어가는 투자다. 적게는 수십억 원에서 많게는 수백억 원까지 왔다 갔다 한다. 그래서 매입 전에 신중할 수밖에 없고 매입 결정도 오래 걸릴 수밖에 없다. 하지만 결론부터 말하자면 투자 타이밍은 언제나 '지금'이다. 그 이유는 토지는 공급이 안 되는 유일한 재화이기 때문에 올라가면 올라갔지 떨어지지 않기 때문이다.

지금까지 수도권 내의 땅값은 딱 두 번 떨어졌다. 1998년 IMF 때 한 번, 2008년 리먼 사태 때 한 번 떨어졌다. 제2의 IMF가 오지 않는 이상, 빌딩 가격은 앞으로도 절대 떨어질 일이 없다는 게 내 생각이다. 2021년은 코로나19로 경제가 타격을 입고 있지만 빌딩 시장은 여전히 좋은 편이다. 대출 이자는 올랐고 대출 규제가 강화되는 등

투자 여건이 바뀌었지만 돈은 지속적으로 풀리고 있고 당분간 저금리 기조가 이어질 전망인 데다 마땅한 대체 투자처가 없는 상황이어서 2022년에도 빌딩의 인기는 지속될 것으로 보인다.

빌딩 매매를 좌우하는 것은 금리

10년 이상 빌딩 시장에 몸담고 있으면서 내가 깨달은 한 가지는 빌딩은 경기와 그다지 상관이 없고 오히려 기준금리와 상관관계가 많다는 사실이다. 다음 표는 기준금리와 빌딩 매매 건수의 상관관계를 잘 보여준다. 표에서 보듯 금리가 내려가면 빌딩 매매 건수가 증가하는 것을 볼 수 있다.

상업용 부동산에 대한 관심은 거래량을 통해서 파악할 수 있다. 2015년 1월 저금리 기조가 시작되면서 현재까지(2021년 기준) 가파르게 올라갔다. 상업용 부동산의 2015년 거래 건수는 3,391건이고, 2016년의 거래 건수는 3,866건으로 역대 최다를 기록했다. 이후 정부의 부동산 정책이 규제 쪽으로 방향을 잡으면서 2017년 3,483건, 2018년 3,325건으로 줄었다. 하지만 2019년도에는 약 3,516건이 거래됐고 2020년, 코로나19로 돈을 풀기 시작하여 0.5%까지 금리가 떨어지면서 2020년 빌딩 매매 건수는 4,384건으로 역대 최대치를 기록했다.

또한 대출 금리가 올라가면 빌딩 시장이 주춤해지고 금리가 내려가면 빌딩 시장이 활발해졌다. 하지만 대출금리가 올라갔다고

■ 매매거래량　-●- 기준금리

연도	매매거래량	기준금리
2012.06	1,472	3%
2013.06	1,648	2.5%
2014.06	2,369	2.25%
2015.06	3,391	2%
2016.06	3,866	1.25%
2017.06	3,483	1.25%
2018.06	3,325	1.5%
2019.07	3,516	1.5%
2020.06	4,384	0.5%

출처: KB금융지주 경영연구소, 국토부

해서 가격이 떨어지지는 않았다. 10년 전에는 금리가 4%대였지만 그때도 빌딩 가격은 내려가지 않고 완만하게 올라갔었다. 참고로 여기서 완만하게 오른 빌딩은 수도권과 대도시에 있는 빌딩 한정이다(2021년 9월 8일 기준, 연 2.65~4.15%였던 담보대출 변동금리는 연 2.80~4.30%로 상향 조정되어 0.15% 올랐으나 아직 낮은 편에 속한다).

살 수 있을 때 못 사는 게 투자 실패다

몇 년 전의 일이다. "미국이 올해 말에 금리가 올라가는데 그러면 우리나라 금리도 올라가는 것 아닌가요? 그럼 대출을 많이 받은 사람들은 휘청거릴 텐데 그때 가면 빌딩 가격이 떨어지지 않을까요?" 또는 "2018년에 제2의 리먼 사태가 온다는데 좀 더 기다려 봐야겠어요. 수익률은 점점 낮아지는데 빌딩 가격이 과연 오를까요? 경제가 어려워 대출금리가 올라갈 것 같은데 그렇게 된다면 빌딩 가격이 떨어지지 않을까요?"라고 묻는 고객들이 있었다.

이렇듯 어디서 들은 이런저런 이유를 가지고 빌딩 가격이 떨어지면 그때 가서 사겠다고 주저하는 분들이 꽤 많았다. 요즘에는 빌딩 시장이 거품이라고 생각하고 매입을 주저하는 사람이 많은 편이다. 사람도 부정적으로 바라보면 그 사람하고 친해질 수 없는 것처럼 빌딩 시장도 부정적으로 바라보면 절대 내 것이 될 수 없다.

늦었을 때가 가장 빠르다

빌딩 결정이 어려운 만큼 아마 많은 사람이 매입을 망설이다 시기를 놓친 적이 있을 거라고 생각한다. 내가 고객과 상담하면서 가장 많이 듣는 질문은 "지금은 너무 많이 오른 게 아닌가요?"라는 질문이다. 내가 생각해도 많이 오르긴 올랐다. '거품'이라는 표현이 과장이 아닐 정도로 많이 오른 느낌이다. 하지만 자산을 불리기 위한 투자처로 빌딩 말고 특별한 대안이 없는 것도 사실이다. 그렇다고 주식에 전 재산을 투자할 수는 없는 노릇 아닌가? 혹자는 빌딩 투자에 대해 혹시 자신이 상투에 들어가는 것은 아닌가 하고 두려워한다. 그럼 공동투자로 빌딩 매입을 하고 있는 전문가인 나는 상투를 잡고 있는 것일까? 빌딩이 많이 오르긴 했지만 지금은 사야 하는 시기임을 강조하고 싶다. 미국 뉴욕의 부동산이 급락했다는 소식을 들어본 적이 있나? 일본 도쿄 중심부의 부동산 가격은? 영국 런던도, 중국 상하이도 부동산 가격이 떨어졌다는 소식은 들어본 적이 없다. 주요 도시의 부동산 가격이 천정부지로 올라갔다는 얘기는 들어봤어도 '폭망'했다는 소식은 들어보지 못했을 것이다.

세계 30위권의 경제 규모를 가진 우리나라의 수도권 토지 가격이 '급락'하거나 '폭락'하는 일은 일어나기 어렵다. 만일 그런 일이 일어난다면 그것은 주위의 많은 부자들이 망하는 일이며, 나라가 망하는 일이 될 것이다. 즉, 경제가 폭망한다면 나만 망하는 게 아니라 모두가 망한다고 생각하면 투자가 훨씬 편해진다. 망설이느라 빌딩 매입을 못 하는 분들이 있다면 이미 가격이 많이 올라가긴 했지만 늦었을 때가 가장 빠르다라는 말을 기억하자. 아직 늦지 않았다. 지금 투자해도 건물 가격은 오른다. '지금 당장 살 때가 가장 싸다'는 사실만 명심한다면, 투자 결정을 내리는 데 큰 도움이 될 것이다.

"지금 들어가면 상투 잡는 거 아닌가요?"

2020년 코로나19로 인해 돈이 풀리면서 빌딩 가격이 최소 10%, 강남 같은 경우는 30~40%까지 올랐다. 주택은 규제로 묶여 있고 은행 금리는 제로나 마찬가지다 보니 어려운 경제 속에서도 빌딩은 호황을 맞고 있는 것이다. 이런 현상은 비단 우리나라뿐만이 아니다. OECD 국가들도 2019년부터 가파른 부동산 가격 상승을 겪고 있다. 전례 없는 일이 생기다 보니 시장이 과열 양상을 띠고 있는 것도 맞다. 그러나 갈 곳 잃은 돈이 투자처를 찾는 속성은 당연하다. 은행에 돈을 넣어놓자니 의미가 없고 주식은 일부만 뛰어들 뿐 전문가들조차도 많은 재산을 주식에 투자하는 일은 드물다.

빌딩 시장에 신규 고객이 끊임없이 유입되고 있는 이유도 여기에 있다. 과열인 줄 알면서도 자금을 굴릴 데가 없는 것이다. 그래서인지 나에게 빌딩 매입 문의를 해오는 고객들이 가장 빈번하게 묻는 질문은 이것이다. "빌딩 가격은 이미 많이 올랐는데, 지금 들어가면 상투 잡는 거 아닌가요?"

비단 요즘의 일만은 아니다. 10년 전에도 5년 전에도 고객들이 늘 해왔던 질문이다. 그러나 빌딩은 '팩트'로 말해준다. 내가 말한 조건의 빌딩들은(수도권, 주요 입지) 5년, 10년 전보다 최소 2배에서 많게는 3배 정도 올랐다. 왜 계속 오르는 것일까? 이유는 하나. 땅은 거짓말을 하지 않기 때문이다. 도심에 있는 건물 중 땅값이 떨어진다는 얘기를 들어본 적이 있나?

현재 뉴욕, 파리, 도쿄, 런던, 상하이, 밴쿠버 같은 주요 도시들은 우리나라 땅값과는 비교할 수 없을 정도로 비싸지만 지금도 여전히 상승 중에 있다. 이 얘기는 바로 경제가 성장하면 땅값도 따라 올라간다는 얘기다. 우리나라 경제성장률은 상승폭이 차이가 날 뿐 꾸준하게 성장하고 있는 것은 변함이 없다.

투자 목적을
분명히 하고 시작하라

목적이 분명해야 결과가 좋다

빌딩을 매입할 때는 투자 목적을 분명히 갖는 것이 중요하다. 임대수익 목적이라면 수익률을 높일 수 있는 기준에 초점을 두어야 하고, 시세차익이 목적이라면 지역 호재나 역세권 등의 투자가치에 초점을 두어야 한다. 그런데 처음에 건물을 잘 모르고 접근하는 분들은 수익도 좋아야 하고, 위치도 좋고, 호재도 있어야 하는 등 두세 마리 토끼를 다 잡으려고 한다. 한 마리 토끼도 잡기 힘든데 두 마리, 세 마리 토끼를 어떻게 다 잡나? 이런 건물은 찾기가 쉽지 않다. 이런 건물만 찾다가 허송 세월만 보낸 후에 다 오르고 나서야 그때 가서 매입하는 분들이 꽤 많다. 이번에는 본인의 상황과 환경에 맞춰서 어떤 걸 투자해야 하며, 수익성 건물과 투자성 건물의 차이점은 무엇인지 알아보자.

안전한 월세 수익을 원한다면 수익형 빌딩

수익형 부동산은 빌딩, 오피스텔, 상가 등에서 주기적으로 임대수익을 얻을 수 있는 부동산을 말한다. 먼저 수익형 부동산은 은퇴했거나 나이가 많이 들어 가족의 생계수단으로 찾는 분들이 선호한다. 이런 유형의 사람들은 대출도 최소한으로 받는다. 찾는 지역은 수익률이 높은 서울 외곽이나 인천, 수원 등 대체로 경기도 쪽으로 건물을 찾는다. 수익형 부동산은 수익률은 높지만 팔 때의 시세차익은 낮은 단점이 있다.

월세보다 시세차익을 기대한다면 투자형 빌딩

투자용 부동산은 내가 산 금액보다 더 높은 가격으로 차익을 많이 남기는 부동산이다. 투자용 부동산을 매입하는 연령대는 20~40대, 사업가, 전문직 종사자들로 주로 수익보다는 투자가치에 비중을 많이 두고 매입한다. 공실이 나더라도 다른 데서 수입이 나와 리스크를 감내할 수 있기 때문이다. 또 이런 분들은 공격적인 투자 성향이 강해 대출을 최대한 많이 일으킨다. 대체로 '영혼까지 끌어모아' 투자를 한다. 지역도 서울 변두리나 경기도가 아닌 땅값이 높고 가격이 다소 비싸더라도 강남권이나 마포, 용산, 성동구 또는 서울 중심지를 선호한다. 단점은 월세에 대한 기대수익이 거의 없다는 점이다. 월세는 조금밖에 안 올랐는데 땅값은 천정부지로 올랐기 때문이다.

빌딩 투자의 꽃은 시세차익이다

고객들 대부분은 투자성이 강한 빌딩을 선호한다. 고객들이 찾는 빌딩은 크게 3가지로 분류한다. 시세차익도 적당히 있으면서 수익(임대료)도 적당히 나오는 투자수익형 빌딩, 수익은 이자 정도만 나오고 시세차익이 더 높은 투자형 빌딩, 시세차익은 적당히 기대하되 수익이 높은 수익형 빌딩이 그것이다. 이중 고객이 찾는 비율을 보자면 투자수익형이 50%, 투자형이 30%, 수익형이 20%를 차지한다.

나는 같은 투자 금액이라면 수익형보다는 투자형을 고객들에게 추천한다. 그 이유는 장기적으로 볼 때 투자형이 더 이득이 되기 때문이다. 아래 표는 똑같이 30억 원을 투자했을 때 수익형 빌딩과 투자형 빌딩이 5년 후 어떤 차이가 나는지를 보여준다.

▶ **수익형 빌딩과 투자형 빌딩**

	수익형 빌딩 A	투자형 빌딩 B
가격	30억 원	30억 원
평균수익률	4%	2.8%
시세차익(연 평균)	7%	10%
보증금	보증금 1억 원	보증금 1억 원
월 임대수익	1천만 원	700만 원
1년 수익률 합계	1억 2천만 원	8,400만 원
1년 시세차익 합계	2억 1천만 원	3억 원
5년 보유 매각 (세금 제외)	월세 6억 원 + 시세차익 10억 5천만 원 = 16억 5천만 원	월세 4억 2천만 원 + 시세차익 15억 원 = 19억 2천만 원

표에서 볼 수 있듯이 투자형 빌딩 B는 5년 동안 수익형 빌딩 A보다 2억 7천만 원의 차익을 더 실현할 수 있다. 매매 금액이 높거나 오래 보유할수록 그 차이는 더욱 커진다.

현재의 임대수익에 만족하기보다는 미래가치가 있는 부동산에 투자를 해야 한다. 또한 나중에 팔 때도 생각해야 한다. 투자가치가 높은 건물은 언제든지 팔 수가 있다. 그런데 수익형 부동산은 찾는 사람들이 많지 않기 때문에 파는 데까지 오랜 시간이 걸린다. 아파트는 월세가 안 나오지만 이를 선호했던 이유가 바로 이 환금성 때문이다. 과거와 달리 우리나라는 저성장 시대에 접어든 만큼 수익성에 비중을 두고 접근하기보다는 유사시 빠른 현금화가 가능한 환금성에 더 큰 비중을 두고 투자하는 것이 좋다.

다른 지역 A급보다
강남 C급을 선택하라

환금성이 건물의 가치를 움직인다

가끔 고객들이 이런 질문을 해올 때가 있다.

"강남의 C급 입지보다는 다른 지역 A급 입지도 나쁘지 않을 것 같은데, 어떻게 생각하나요?"

이 질문에 대한 내 답변은 한결같다.

"C급이어도 강남으로 가세요."

부동산의 가장 중요한 요소 중 하나는 환금성이다. 이 환금성으로 건물의 가치가 움직인다. 대한민국의 심장은 서울이고 서울 중에서도 강남이 가장 비싼 동네라는 것은 누구나 다 알 것이다. 주식으로 본다면 강남이 대장주이고 대장주가 움직여야 다른 기업이 움직인다. 이로써 지가 상승은 강남에서부터 시작된다. 강남에서 오르면 다른 지역이 따라 올라간다. 이유는 강남이 수요가 가장 많기 때문이다.

내 고객들도 10명 중 5명은 무조건 강남이고 10명 중 2명은 강남 우선, 강남이 없으면 강남 외 서울 지역에서 찾는다. 대체로 돈이 모자라고 수익률이 낮으니 강남을 못 사는 것이지 돈이 많고 수익률 높으면 누구나 강남을 찾는다. '강남'은 그 자체로 브랜드다.

기업도 인재도 학군도 강남으로 모인다

많은 회사가 비싼 임대료를 감수하면서도 강남에 입성하는 이유는 이곳에 자리를 잡아야 고객의 신뢰를 얻고 들어간다고 믿기 때문이다. 교통이 사통팔달로 편리한 것은 물론이고 각종 인프라도 강남을 따라갈 곳은 없다. 강남은 서울, 경기도, 인천 등 수도권 전역의 광역버스가 다 거쳐가는 유일한 곳이다. 지하철 또한 강남으로 집중되어 있다. 강남에 사무실을 두는 또 다른 이유는 강남에 있어야 인재를 뽑을 수 있기 때문이다. 다른 지역에 있다가 강남으로 진출한 기업의 오너들 말을 들어보면 인재 뽑기가 어려워 강남으로 들어온다고 한다. 다시 말해 인재들은 강남에 있는 기업들을 선호한다는 말이다.

내가 하는 빌딩 매매 자산관리 회사도 서울 외곽 지역에 있었다면 고객들이 자주 방문하러 찾아왔을까? 변두리 외곽 지역에는 변두리 물건이 있을 뿐이다. 해외 거래처에서도 주소지를 강남에 두어야 회사의 신뢰도가 올라간다고 하니 '강남'의 브랜드 가치는 글로벌로 확장하는 추세라고 해도 과언이 아니다. 외국인도 다른 지역은 몰라도 강남은 안다고 한다. 또한 집값을 천정부지로 밀어 올리는 가장 큰 요인 중 하나는 교육열이다. 대한민국의 교육열은 세계 최고 수준이다. 그리고 대한민국의 어느 지역보다 교육열이 높은 곳은 강남이다.

유명한 1타 강사들이 강남에 몰려 있고 대한민국에 유명한 학원은 강남에 다 있다. 지방에서도 아이를 공부시키기 위해 강남으로 온다. 이렇다 보니 강남 불패라는 말이 당연히 생길 수밖에 없고 이 현상은 앞으로도 계속 이어지리라 예상된다. 나 역시 투자를 한다면 비싸더라도 돈을 더 주고 강남을 사겠다. 강남의 C급은 주택가든 유흥가든 상관없이 우상향하게 되어 있다. 강남 불패 신화가 쉽게 변하지 않는 이유다.

대로변이 여의치 않다면 주택가를 공략하자

강남 주택가는 회사들이 매입해 리모델링해서 들어오고, 신축 건물들도 속속 생겨나고 있다. 그래서 강남의 주택가들도 거의 다 회사 사무실이 입주해 있다. 역 주변이나 대로변으로 사면 좋겠지만 자금이 부족하다면 이면, 아니면 더 깊숙이 들어간 골목에 있는 건물을 사도 좋다. 이런 건물들은 역 주변이나 대로변이 오르고 나면 서서히 상승세가 이동해 가격이 뒤따라 오른다. 명심하자. 강남은 A급이나 C급이나 같이 오르기에 C급도 투자가치가 높으며 강남의 C급이 서울 타지역 A급이랑 같다.

강남의 중심은 앞으로 삼성역으로 움직일 것이다. GTX가 삼성역으로 들어와 교통의 메카가 될 것이기 때문이다. 현대차는 삼성동에 위치한 옛 한전부지를 10조 원에 매입해 신사옥을 짓고 있고, 영동대로 지하화, 경부고속도로 공원화, 신분당 연장선, 위례신사선 등 추가로 지하철이 들어오는 데다 수많은 기업이 계속해서 강남으로 들어오고 있다. 앞으로 강남은 세계적인 도시로 거듭날 것이다. 투자하려면 발전 가능성을 보고 해야 한다. 다른 지역 A급보다 강남의 C급을 선택해야 하는 이유가 여기에 있다. 하지만 현재 강남부동산은 터무니 없이 올랐고 50억 원 이하의 물건들은 씨가 말랐다.

이제는 강남 건물은 사고 싶어도 사기가 어려워졌다. 그럼 50억 원 이하로 강남 물건을 찾던 분들은 어디로 눈을 돌려야 하나? 강남과 가장 비슷한 지역이 어디일까? 바로 마포구다. 마포구는 교통이 사통팔달 발달되어 있고 강남처럼 수많은 기업들이 모여 있다. 또한 외국인들이 가장 즐겨 찾는 곳이며 젊은이들의 성지라 불리는 홍대, 연트럴파크, 책거리, 망리단길, 당인리길과 같은 다양한 핫플레이스가 모여 있다. 그리고 마포구는 10억~20억 원대 건물들도 아직 많이 남아 있다. 강남을 찾다가 포기한 분들은 마포구를 투자 대안으로 삼으면 좋겠다. 성수동, 용산구도 좋기는 하지만 50억 원 이하의 물건이 별로 없고 건물이 오래되어 수익률이 평균 1%대 수준이라 강남 빌딩의 투자 대안으로는 좀 애매하다.

빌딩 투자 기초 지식

대지면적, 연면적, 건축면적이란?

• 대지면적: 말 그대로 건축물을 올릴 수 있는 땅의 넓이를 말한다.

• 연면적: 건물의 총 면적을 말한다(지하, 지상, 옥탑, 베란다, 주차장, 창고, 공용부분 등 모두 포함).

• 건축면적: 한 개층의 바닥 면적을 말한다.

건폐율과 용적률의 차이는?

• 건폐율: 건물의 한 개층 바닥면적이다. 만약 2종 일반주거지역의 대지가 100평이면 건폐율이 50%이므로 1층 바닥은 최대 50평까지 지을 수 있다.

• 용적률: 대지 위에 올린 건물 각 층의 바닥면적을 모두 합친 건물면적을 말한다. 즉, 지상에 지을 수 있는 총 건축면적이다. 예를 들어 2종 일반주거지역의 대지가 100평이면 용적률이 200%이므로 지상으로

200평까지 지을 수 있다. 용적률이 높다는 것은 그만큼 건물을 높게 지어 올릴 수 있다는 말이다. 그러나 지하층과 옥탑은 제외다. 지하는 용적률에 포함이 안 되기 때문에 얼마든지 아래로 팔 수는 있지만 지하를 많이 팔수록 건축 비용이 가파르게 상승하므로 한계가 있다.

임대수익 계산법

임대수익률은 다음과 같이 계산한다.

• (월세 × 12개월) / (매매가 − 보증금) × 100 = 임대수익률

예를 들어 매매가 30억 원에 보증금 1억 원, 임대료가 700만 원이라면 (700 × 12) / (30억 − 1억) × 100 = 2.89%이다. 임대수익률에서 대출금은 제외한다. 대출금액은 얼마를 받을지 모르기 때문이다. 또 재산세, 건강보험료, 지출비용 등도 제외해서 계산한다.

▶ **용도지역에 따른 건폐율과 용적률의 차이**

서울시 용도지역	건폐율	용적률
1종 전용주거지역	50%	100%
1종 일반주거지역	60%	150%
2종 일반주거지역	60%	200%
3종 일반주거지역	50%	250%
준주거지역	60%	300~400%
준공업지역	60%	400% 이하
노선상업지역	60%	400~700%
일반상업지역	60%	800% 이하

* 서울시 조례이며 경기도와 지방은 지역 조례에 따라 달라지기에 해당 시·군·구청에 확인이 필요하다.

3장

빌딩 제대로 고르고
똑똑하게 사는 법

급매물과 경매 물건은
버리는 게 답이다

급매물은 절대 사지 마라!

빌딩 살 때 하지 말아아 할 최우선은 급매물을 사지 않는 것이다. 당연히 급매물은 싸게 나오니까 시세차익을 크게 남길 텐데 이건 무슨 소리냐고 할 것이다. 그 이유를 지금부터 설명하겠다.

빌딩을 처음에 매입하는 초보 투자자들은 대부분 무조건 싼 것만 찾는다. 발품을 열심히 팔고 급매를 찾으러 동에 번쩍 서에 번쩍 돌아다닌다. 싼 것만이 능사라고 생각한다.

자, 여기까지 좋다. 그런데 문제는 지금부터다. 건물을 사려고 돌아다니는 분들은 알겠지만 급매물은 내 손 안에 쥐기가 하늘의 별 따기만큼 어렵다. 특히 초보자라면 오히려 급매물은 절대 사지 말아야 한다. 왜냐하면 일단 그런 건물들은 나한테 오기 전에 소리 소문 없이 사라지기 때문이다.

만일 운 좋게 급매가 나한테 왔더라도 그 건물이 내가 평소 원하던 건물이 아니면 아무리 급매라도 초보자들은 사지 못한다. 결혼할 상대가 아무리 잘났어도 내 취향이 아니면 아무 관심 없는 것처럼 건물도 이와 같다. 급매라도 내가 모르는 지역이거나 월세가 적게 나온다든지, 임대료가 밀렸다든지, 업종이 마음에 안 든다든지, 엘리베이터가 없어서, 유동 인구가 적어서, 건물 구조가 꺾여 있어서, 땅이 반듯하지 않아서, 건물이 오래되어서, 물이 새고 있어서 등 여러 가지 이유로 결정하지 못하겠다고 한다. 나는 이런 고객을 한두 번 본 게 아니다. 경험이 없다 보니 접근을 잘 못하고 있는 것이다. 하지만 한두 번 건물을 사본 사람들은 그다음에도 쉽게 산다. 수십억 원이 넘는 건물인데도 인터넷으로만 보고 결정하는 분도 있다.

당신이 '부린이'라면

'부린이'들은 대체로 건물을 볼 줄 모르기 때문에 급매물을 가져다주어도 급매인지 아닌지 감이 없다. 또한 그 지역을 잘 모르기도 하고 주변 시세도 모르기에 급매인지도 모른다. 어린아이에게 100만 원짜리 수표를 주면 종이쪼가리에 불과한 것처럼 말이다.

이처럼 나에게 맞는 급매 건물을 찾기가 어려운데 그래도 찾겠다고 허송세월 다 보내고 그 사이에 건물 가격은 다 올라가 있고 시기를 놓쳐 막상 사자니 너무 많이 오른 것 같다고 느끼게 된다. 결국 다른 일로 바빠서 건물 매입 자체를 중간에 포기한다.

그러다 부동산 가격이 많이 오른 것을 보고 앞으로도 더 올라갈 것 같은 생각에 다시 정신 차리고 이제는 급매물보다는 적당한 건물을 찾아달라고 한다. 이때가 한번 경험했기 때문에 부린이를 졸업하는 순간이다. 정리하면 대체로 부린이들은 다음과 같은 패턴으로 매입부터 결정까지 약 2년 정도 시간이 걸린다.

부린이 졸업 패턴
매입 의사 → 급매물 요청 → 중도 포기 → 정신 번쩍 → 적당한 매물 요청 → 매입 완료

예를 들어 2년이면 평균 20% 이상 올랐을 텐데, 20억 원 건물로 계산해보면 4억 원을 놓친 셈이다. 30억 원 건물이면 6억 원, 50억 원 건물이면 10억 원을 놓친 게 된다.

요즘은 투자 대안이 빌딩밖에 없다 보니 투자 흐름이 조금 빨라지기는 했다. 하지만 막상 적당한 건물이 나와도 매입하려고 하면 단점만 보이고 선뜻 결정을 못 내린다. 그래서 본인만의 기준을 정해놓고 이 정도면 매입해야겠다고 결단을 내릴 줄 알아야 한다.

예를 들어서 나는 망원역 주변에 평당 4천만 원 이하의 물건이 나오면 사겠다거나 관심 있는 지역에 매각된 건물 주변으로 이 정도 금액이 나오면 사겠다는 등 기준을 갖고 있는 것이 결정하기가 빠르다. 그리고 내가 잘 알지도 못하는 지역인데 호재가 있다는 정보를 듣고 괜히 가서 기웃거리면 시간만 낭비할 확률이 높으니 되

도록 내가 잘 아는 지역으로 투자하는 것이 투자의 지름길이다.

건물 대신 벤츠를?

7~8년 전 일이다. A 고객에게 건물 수십 개를 소개해드렸는데, 그중 역삼동에 있는 대지 60평에 4층짜리 건물이 있었다. 시세는 최소 20억 원 이상 가는 건물이었지만 주인이 지방에 있어 관리가 어렵고 해서 18억 원으로 급처분하는 건물이었다. 그래서 A 고객에게 이 건물은 시세보다 2억~3억 원은 싸게 나왔으니 매입하시라고 적극 권해드렸다.

하지만 몇 날 며칠을 답사하고 고민하더니 결론은 엘리베이터가 없고 원룸이 있어서 철거해야 하고 이런저런 이유로 못하겠다고 연락이 왔다. 그리고 말았는데 나중에 다른 건물 나온 게 있어 다시 연락했더니 벤츠를 샀다고 빌딩 투자는 더 안 하겠다고 했다. 만약 그 건물을 샀으면 지금쯤 벤츠 10대는 더 사고도 남았을 것이다. 나는 아직도 그 고객이 잊히지 않는다. 아마도 그분은 땅을 치고 후회하고 있지 않을까?

이렇듯 강남 급매를 주어도 눈이 어두우면 못 하는 거다. 그래서 급매를 찾는 것보다 적당한 건물이 있으면 하루라도 빨리 사는게 낫다는 거다. 적당한 것을 찾으면 눈높이가 자연히 낮아지고 결정하기가 한결 쉬워진다. 욕심이 좋은 기회를 놓치게 한다. 어차피 빌딩은 지금 사놓고 시간이 지나면 지날수록 올라가기 때문에 오히려 급매보다 낫다. 꼬마빌딩은 급매라고 해봤자 1억~2억 원 빠지는 건데 3개월에서 6개월 정도 있으면 1억~2억 원은 세이브 된다. 자, 오늘부터 급매물 찾지 말고 적당한 매물 있으면 하루빨리 선택하길 바란다.

경매로 사지 마라!

빌딩을 경매로 산다는 것은 돈을 버리는 것과 마찬가지다. 현재 대한민국은 경매시장이 매우 뜨겁다. 경매장에 가면 앉을 자리가 없을 정도로 꽉꽉 들어차 있다. 돈이 갈 데가 없으니 경매도 호황을 맞고 있다. 얼마 전에 경기도 안성에 있는 2층짜리 꼬마빌딩이 경매로 나왔는데 84명이 입찰했다고 한다.

해당 건물은 감정가가 3억 9,800만 원인데 감정가에 훨씬 웃도는 낙찰가가 7억 1,400만 원에 낙찰되었다. 결국 일반 매매계약이나 경매 금액이나 비슷한데 이럴 바에는 매매하는 게 낫다. 그럼 일반 매매가 경매보다 왜 나은지 좀 더 구체적으로 살펴보자.

선택의 폭이 너무나 적다

경매는 내가 원하는 지역, 원하는 콘셉트 등에 맞춰서 살 수 없고 경매 나온 매물에 내가 맞춰야 한다. 건물을 알아본 사람은 알겠지만 일반 매매계약도 원하는 건물을 찾기가 무척 어렵다. 그런데 빌딩 경매는 몇 개 나오지도 않으니 두말할 것도 없다. 또한 내

스케줄에 맞춰 투자를 할 수 있어야 하는데 경매는 법원에서 정해진 시간에 맞춰가야 한다. 그래서 투자, 수익, 경매 이 삼박자를 맞추기가 정말 어렵다.

가치가 없는 매물만 나온다

경매는 대부분 대출 이자를 못 내서 나오는 건물이다. 그러기에 월세가 나오는 빌딩의 경우 경매까지 가는 일이 거의 없다. 경매로 빌딩이 나왔다는 얘기는 그만큼 건물의 가치가 없어서 나오는 것이다. 내가 지금까지 경험하는 바로는 괜찮은 매물들은 나오지도 않지만, 만일 나오더라도 경매 개시일 전에 일반 매매계약으로 매각이 되어버린다.

오히려 손해를 볼 수 있다

경매를 한다는 것은 돈을 잃고 있는 거나 마찬가지다. 경매로 잡으려다가 오히려 시간만 많이 흘러간다. 기다린다 해도 내가 살 수 있다는 보장도 없다. 앞서 말했듯이 급매보다 하루라도 빨리 사는 게 이득이다. 빌딩 시장은 하루가 다르게 가격이 올라가고 있다. 경매를 하기 위해 기다리다가 다른 곳에 투자할 수 있는 기회비용을 잃고 있는 거다.

또한 한 번 유찰되면 상당히 오랜 시간을 기다려야 한다. 그런데 아까운 마음에 혹시나 하고 기다리게 되는데 한두 번 유찰된 빌딩은 그만큼 경쟁이 많이 붙기 때문에 1회 유찰 금액보다 더 높은 금액으로 매각되는 경우가 비일비재하다. 만일 그 전에 다른 건물을 매입하였으면 이미 가격이 올라 있어서 경매로 산 건물보다 훨씬 더 큰 수익을 거두었을 것이다. 내 많은 고객도 경매까지 돌다가 결국에는 경매는 쳐다보지도 않는다. 경매는 감정가로 법원에 나오는데 일반 매매계약도 감정가로 나오는 건물들이 의외로 많이 있다. 내가 조금만 발품을 팔면 감정가로 살 수 있는 건물들이 많이 있다. 경매 공부하고 시간 낭비하고 교육받느라 돈 들이고 발품 팔고 고생이 이만저만이 아니다. 하루라도 빨리 적당한 매물을 찾아 사는 게 경매로 사는 것보다 훨씬 이득이다.

정신건강에 안 좋다

빌딩이 경매로 나왔다는 것은 그만큼 건물에 하자가 있다는 얘기다. 실제 경매 빌딩의 상당수가 하자 있는 물건으로, 금액이 크고 임차인들이 여럿 있어 권리관계가 복잡한 경우가 많다. 설사 운이 좋아서 낙찰받았다고 치자. 그런데 낙찰받은 후에 뒷감당을 어떻게 할 건가. 경매까지 넘어간 건물은 관리도 엉망이고 임차인들이 월세를 안 내고 있는 경우가 태반이다. 일일이 쫓아다니면서 명도부터 시작해 임대료를 받아야 할 텐데 일반인이 하기에는 보통 어려운 일이 아니다.

만일 건물에 누수까지 있다고 가정을 해보자. 임차인은 누수를 빌미로 영업 못 하고 물건 망가졌다고 많은 돈을 요구하여 쉽게 내보내지도 못할 것이다. 하자 정리하는 데만 많은 시간과 노력, 비용 등이 들어가는데 무엇보다 그 스트레스 때문에 제 명에 못 살 것이다. 빌딩은 절대 경매로 사지 말기 바란다!

절대 투자하면 안 되는 건물 종류

빌딩 계약금을 날린다고?

다른 유튜브 영상을 보면 '이런 건물 사면 망한다' 등의 영상들이 많이 올라와 있다. 그런데 빌딩을 매입할 때 사기를 당하지 않거나 터무니없이 비싸게 사지 않은 이상 사실 망하는 건물은 없다. 그리고 수도권 내에 있고 역에서 반경 20분 거리 이내면 어지간하면 다 오른다. 동네 주택가 골목도 땅 지분이 있기에 오른다. 단지 많이 안 오를 뿐이다. 덜 오를 뿐이지 망하는 건물이라고 할 수는 없다.

빌딩 가격은 떨어지지 않기에 내가 잘 모르고 조금 비싸게 주고 샀더라도 시간이 지나면 다 복구하고 차익까지 얻을 수 있다. 그런데 큰맘 먹고 한 빌딩 계약의 계약금을 날려서 망하는 경우가 있다.

대출이 안 나오는 건물

건물을 매입할 때는 대출 여부가 굉장히 중요하다. 계약을 했는데 잔금을 못 치르는 경우는 대부분 매수자가 대출이 모자라서 계약을 깨는 경우다. 대부분 투자자들은 건물을 살 때 영혼까지 끌어모아 건물을 매입하는데 예상 금액보다 대출이 안 나오면 큰 낭패를 볼 수밖에 없다. 수억 원이라는 큰돈을 지인한테 빌릴 수도 없는 노릇이다. 그래서 대출금액을 미리 확인하고 매입해야 하는데, 계약 전에는 은행에서 대출이 나온다고 해서 계약했는데 나중에 알고 보니 대출이 적게 나와 큰 낭패를 볼 수 있다. 은행에서는 탁상 감정으로 예상 대출금액을 뽑아주기에 그것만 믿고 계약하면 문제가 생길 수 있다. 대출이 안 나오는 위험 요소를 미리 알고 대비한다면 위험을 줄일 수 있다. 이번에는 대출이 안 나오는 경우를 살펴보겠다.

집합 건물

집합 건물이란 한 호수마다 구분등기로 일일이 등록되어 있는 것을 말한다. 아파트, 오피스텔, 다세대주택이 다 집합 건물에 속한다. 그런데 일반 건물도 분양할 것을 생각하여 집합 건물로 나눠 놓은 경우가 많이 있다. 문제는 집합 건물은 일반 건물에 비해 대출이 20% 정도 덜 나온다는 사실이다. 사례를 들면 A 씨는 은행에서 대출이 45억 원이 가능하다고 해서 청담동에 있는 60억 원 건물을 매입하였다. 그런데 대출을 실행하려고 보니 집합 건물로 되어 있어 35억 원밖에 안 나오는 것이었다. 알고 보니 계약서 쓰기 전에 은행에서 대출을 알아볼 때, 탁상으로 건축물대장만 보고 일반 건물이라고 생각한 것이다. 잔금 직전이라 불이 나게 알아보다 타 은행에서 대출을 받을 수 있어 다행히 잔금을 치를 수 있었다.

위 사례의 요점을 다시 말하자면 일반 건축물대장상에 있는 근린생활시설 건물은 집합 건물인지, 일반 건물인지 표시가 안 되어 있다는 점이다. 또한 은행에서는 계약 전에 탁상 감정으로 대출금액을 확인하기 때문에 표면(소재, 구조, 면적 등을 적은 공용문서)만 보고 대출금을 알려준다. 근린생활시설 건물의 집합 건물 확인 여부를 알기 위해서는 '등기부등본'을 보거나 '정부24'에 나와 있는 건축물대장을 확인해야만 한다.

종교시설과 노유자시설

종교시설은 교회, 절, 성당 같은 곳을 말하고, 노유자시설(老幼者施設)이란 아동과 노인 복지에 관련된 시설, 기타 다른 용도로 분류되지 않은 사회복지시설 및 근로복지시설을 말한다. 일례로 요양병원, 양로원, 복지시설 등이 임차인으로 있을 때 노유자시설로 등재된다.

이런 노유자시설이 있으면 대출이 잘 안 나온다. 은행에서는 만일 건물이 경매로 넘어가면 노유자시설에 있는 노인들을 내보낼 수 없다고 판단하기 때문이다. 그래서 이런 임차인이 있는 건물을 매입 시에는 계약 전에 은행 몇 군데에 대출을 확인하여 예산에 맞취 매입해야 낭패를 보지 않을 수 있다.

위반건축물 및 부속 건축물

위반건축물이란 건축물대장상 표기되지 않은 건축물이 건축되어 있는 경우를 말한다.

부속 건축물이란 설비·대피·창고·주차시설 등 주된 건축물을 이용 또는 관리하는 데 필요한 건축물을 말한다. 보통 필지 하나에 건물이 2동이 있거나 오래된 건물들에 부속 건축물이 있다. 한 동은 정식으로 허가를 받은 거지만 다른 한 동은 부속 건축물로 허가를 받은 것이다. 그런데 그 부속 건축물을 주된 용도로 사용하지 않고 임대를 주는 경우가 있다. 적발 시 위반건축물로 등재되어서 임차인을 내보내고 원상복구를 하면 되지만 임차인을 내보낼 수 없다면 해결이 안 되어 위반건축물로 등재될 수 있다.

은행에서 계약 전에는 탁상 감정으로만 예상 대출금액을 뽑기에 정확한 금액이 아닐 수 있다. 계약 후 감정평가사가 현장 답사 후에 정확한 대출금액을 산출하는데 문제는 여기서 위법 부속 건축물 또는 위반건축물이 발견된다면 예상 대출금액보다 많이 줄어들 수 있다. 위법 강도가 높다면 심한 경우에는 대출이 아예 안 나오는 경우도 있다. 간혹 오래 보유한 건물 같은 경우는 주인도 모르는 위반건축물이 있는 경우도 있다. 우선 건축물대장에 있는 면적과 등기부등본에 있는 면적이 일치하는지 대조해보고 현장에 가서 위반건축물이 될 만한 게 있는지 꼼꼼하게 체크해봐야 한다.

허가받지 않고 한 리모델링 건물

내외부 구조는 변경하지 않고 내외관을 있는 그대로 공사하는 경우는 허가 없이 리모델링이 가능하다(페인트칠, 개보수 정도). 그런데 구조를 변경했거나 대수선(건축물의 기둥, 보, 내력벽, 주계단 등의 구조나 외부 형태를 수선·변경하거나 증설하는 것)을 통해 리모델링을 했다면 안전진단을 통해 반드시 구청에 허가를 받아야 한다. 공사할 때 이정도면 괜찮다고 생각해 허가 없이 구조 변경을 하는 경우가 있는데, 문제는 이런 건물은 대출을 실행할 때 대출이 전혀 안 나온다는 것이다. 대출 과정에서 감정평가사가 감정가를 측정하기 위해 검토하는 과정에서 무허가 건축물로 판단하기 때문이다. 리모델링한 건물이라면 매입 전에 대수선 허가를 받았는지 여부를 꼭 체크해봐야 한다.

재건축·재개발 지역과 용도변경이 안 되는 건물

재건축, 재개발 지역과 용도변경이 안 되는 건물도 대표적으로 투자해서는 안 되는 건물 유형에 속한다. 재건축이란 건축물 자체만을 보고 신축하는 것이고, 재개발이란 좀 더 넓은 범위의 정비기반 시설까지 포함해 신축하는 것을 뜻한다. 재개발은 토지 또는 건축물 중 하나만 소유해도 분양권이 있는 반면 재건축은 토지와 건물을 모두 소유해야 분양권이 있다.

공공 재개발은 사업성 부족, 주민간 갈등 등으로 장기 정체된 재개발사업을 공공기관이 주도적으로 진행해 주거 환경을 개선하고 주택공급을 확대하는 사업이다. 조합원 분양분을 제외한 물량의 절반은 공공임대로 공급돼 주거복지에도 기여할 수 있는 제도다. 2021년 2월 4일(2·4 대책) 이후 해당 사업지 내 매물을 매입할 경우 '현금청산'을 당하게 된다.

재건축, 재개발 지역

2021년 4월 서울시장 보궐선거에서 당선된 오세훈 시장은 재건축과 재개발로 공급을 늘려 집값을 잡겠다고 공언하고 있다. 현재 서울에 많은 지역이 공공 재개발로 이미 지정된 곳도 있고 지정 검토 대상 지역도 여럿 있다. 재건축 및 재개발은 공공주도 방식과 민간주도 방식으로 나눠진다. 민간주도 방식은 입주권이 나오지만 공공주도 방식은 현금청산으로 정리된다. 공공주도하는 곳에 건물을 매입하게 되어 재건축이나 재개발이 확정된다면 입주권이 아닌 현금청산으로 정리가 된다. 청산 금액은 많게는 감정가 +20% 수준이고 못 받는 곳은 감정가로 정리되기 때문에 큰 손해가 발생할 수 있다.

민간주도든 공공주도든 재건축, 재개발 지역에 건물을 매입한다면 큰 손해다. 왜냐하면 수십억 원의 자금이 수년간 묶여 기회비용을 잃게 되기 때문이다. 그리고 입주권을 받더라도 수십억 원의 건물을 살 정도면 대부분 집을 한두 채씩 보유하고 있기 때문에 다주택자가 되어 많은 세금을 내야 해 결코 남는 장사가 아니다.

재건축, 재개발 지역은 손쉽게 확인할 수 있는데 해당 건물이 속한 동네를 네이버 검색창에 '신월동 재개발', '미아동 재개발' 등으로 쳐서 검색해보면 바로 확인할 수 있다. 또한 해당 지역 구청에 전화해서 물어보면 쉽게 확인할 수 있다. 계약 전에 미리 확인해 손실을 막아야 한다.

용도변경이 안 되는 건축물

최근 주택인 건물은 각종 규제로 인해 매입 매각하기가 매우 어려워졌다. 그래서 잔금 전에 근생으로 용도변경 후에 잔금을 치르는데, 문제는 용도변경이 안 되는 건물이 있다는 것이다.

용도변경이 안 되면 주택으로 보기에 대출이 막힐 수가 있고 1주택자라면 취득세도 중과세를 맞을 수 있다. 용도변경이 필요한 건물은 매도인이 용도변경을 해준다는 조건으로 계약을 해야 하고 특약사항에도 '매도인은 주택을 근린생활시설로 용도변경해주기로 한다'를 기재해 만일 용도변경이 안 될 시 계약금을 돌려받을수 있도록 안전장치를 걸어놔야 한다. 용도변경이 안 되는 건물들이 의외로 많기 때문에 특약을 걸어놓음으로써 안 되더라도 계약금을 돌려받고 다른 건물로 눈을 돌릴 수 있다.

용도변경

용도변경

용도변경이란 예를 들어 주택을 근린생활시설로 바꿔주는 것을 말한다. 최근에 용도변경이 이슈로 많이 떠오르고 있다. 주택이 근린생활시설 용도로 용도변경이 되느냐 안 되느냐에 따라서 건물 매각이 좌지우지되며, 주택으로 취득하게 되면 취득세가 중과세로 나오고 무엇보다 대출이 줄어들기 때문이다. 또한 상가주택인 건물은 총 건물면적에서 주택면적이 근린생활시설 면적보다 더 넓으면 전체를 주택으로 보기 때문에 대출이 전혀 안 나온다. 제아무리 급매라고 해도 용도변경이 안 되어 대출이 안 나오는 건물이면 전액 현금으로 살 수 있는 사람이 몇 명 안 되기 때문에 시장에서는 저평가받을 수밖에 없다. 그래서 최근에는 매도자가 매각하기 위해 용도변경을 잘 해주는 편이다. 내 건물의 제값을 받기 위해서는 그만큼 용도변경이 중요해졌다.

용도변경의 조건

일단 용도변경이 되기 위해서는 위반건축물이 없어야 한다. 만일 매입하려고 하는 건물에 위반건축물이 있다면 계약 전에 위반건축물을 제거해달라고 요청해야 한다. 주택을 근린생활시설로 용도변경할 때, 철거하지 않고도 건축물 도면만으로도 용도변경이 되는 경우도 있지만 구청에서 현장답사를 나올 수 있기 때문에 주택 내부를 철거해야 한다. 주택 내부에 있는 싱크대만 철거하더라도 용도변경하는 데는 문제가 없다. 그리고 계약 전에 용도변경이 된다고 해서 매입했는데 실제로는 변경이 안 되어서 큰 낭패를 보는 경우가 있으니 사전에 꼼꼼히 체크해봐야 한다.

용도변경을 위해서는 건축물대장을 꼼꼼히 확인하자

A 고객은 용도변경이 가능하다고 알고 있었고, 겉으로 봤을 때도 위반건축물이 없었기에 문제없을 거라 생각하고 건물을 계약했다. 이후 매도인은 구청에 용도변경을 신고했는데 용도변경이 안 된다는 청천벽력 같은 소식을 들었다. 용도변경을 하려고 보니 건물이 도로를 침범하고 있었던 것이다. 30년 이상 된 건물이라 건축물대장에 드러나지 않았던 것이다.

건물이 도로를 침범하면 위반건축물로 간주되어 침범한 부분을 멸실해서 양성화시켜야 하는데 건물을 일부 부수면 건물 가치도 떨어지고 임차인들이 살고 있어 내보내기도 쉬운 일이 아니었다. 매수자인 A 고객은 용도변경이 안 되니 계약금 반환을 요청했지만 매도인은 계약금을 이미 다른 용도로 사용해서 돌려줄 수 없는 상황이었고, 용도변경하기 위해 임차인 일부를 내보낸 상황이었다. 그리고 본인은 잘못한 게 없다며 돌려줄 마음도 없다고 했다. 왜냐하면 용도변경 조건으로 계약한 것이 아니라 용도변경에 협조해주겠다고 계약을 했기 때문이다.

이처럼 매도인이 어쩔 수 없는 상황이라며 본인과 상관없다고 알아서 하라고 하여 매도인, 매수인, 이 상황을 모르고 중개했던 중개업자까지 모두 소송에 휩싸인 경우도 있다. 이처럼 오래된 건물은 건물이 도로 밖으로 튀어나오는 경우가 많고, 옆집 경계선을 침범하는 경우가 의외로 많이 있다. 30~40년 전에는 측량할 때 지금처럼 세밀하게 측량하지 못했고 대충 측량하고 돈만 받았기 때문에 지금에 와서 벌어진 일이었다.

무단 증축 건물 여부를 확인하라

B 고객은 건물 계약 후 임차인이 1층을 좀 더 넓게 쓰기 위해 새시를 확장한 사실을 알게 되었다. 또 건물 뒤편을 무단 증축하여 창고로 사용하고 있다는 사실도 알게 되었다. 계약 당시에는 이런 시설물들이 없었는데 임차인이 주인 허락 없이 무단으로 설치한 경우다. 매도인은 이러한 사실을 모르고 있다가 용도변경하려고 하는 시점에서 알게 되어 큰 낭패를 본 경우다. 이런 사태에 대비하기 위해 계약서를 쓸 때 특약사항에 반드시 다음과 같은 문구를 기재해야 한다.

'용도변경이 안 되면 계약은 무효로 하기로 하고 받은 계약금은 아무 조건 없이 돌려주며 중개수수료 또한 무효로 한다.'

이러한 특약사항을 넣으면 용도변경이 안 되더라도 매도인, 매수인, 중개업자 모두 문제없이 깔끔하게 해결할 수 있다.

무조건 피해야 할 빌딩 투자처 13곳

세상에 똑같은 빌딩은 없다

빌딩은 사놓으면 떨어지지 않기에 웬만해선 성공적인 투자를 할 수 있다. 그런데 동시에 빌딩은 아파트와 달리 입지나 땅 모양, 주변 건물, 인접 도로의 유무 등 둘러싼 요인이 매우 다양하고 복잡해, 매입하는 당사자가 이에 대한 사전 지식이 없으면 실패할 가능성도 높다.

예를 들어 아파트는 모양과 구조가 같기에 옆 동의 B 타입이 10억 원에 매각되었으면 시세를 단번에 알 수 있다. 하지만 똑같은 빌딩 건물은 없기에 좋은지 나쁜지 한눈에 파악하기가 힘들다. 이렇듯 파악이 힘드니 투자에도 많은 두려움이 따른다. 이번에는 건물 투자가치의 저해 요소를 하나씩 제거시켜 위험성을 낮추고 성공률을 높이는 방법을 소개하겠다. 이러한 저해 요소들만 피해서 투자해도 건물 투자의 반 이상은 성공한 셈이다.

도로가 협소한 곳에 있는 빌딩

빌딩 투자를 할 때 가장 중요시해야 할 것은 건물의 위치다. 도로와 건물의 위치가 중요한데 특히 가장 중요시해야 할 것은 건물의 위치다. 위치 중에서도 건물 앞 도로의 상황이 중요한데, 도로 폭과 넓이에 따라서 가치가 달라지기 때문이다.

도로에는 대로와 이면도로가 있는데 대로는 왕복 차로가 있는 큰 길이고 이면도로는 왕복 차로의 구분이 없거나 보도와 차도가 구분되지 않는 도로를 말한다. 이면도로는 도로 폭의 길이가 4m에서 15m까지 다양한데 4m 도로는 피하는 것이 좋다. 4m 도로는 차 한 대만 겨우 지나다닐 수 있는 곳으로 차가 지나가면 사람은 벽에 딱 달라붙어야 할 정도로 도로가 매우 좁다. 도로가 매우 좁다 보니 사람들이 잘 다니지 않고 임대 놓기가 어렵다. 그래서 좁

4m 도로는 차 한 대만 지나다닐 수 있다.

은 도로에는 주택 건물 위주로 집을 짓는다. 또한 건물을 신축할 때도 도로가 좁아 건축하는 데 어려움이 많이 따른다. 사방으로 건물들이 붙어 있어 민원 발생이 많고, 트럭이나 래미콘 공사차들이 들어오기 어려워 공사 기간이 더 걸려 건축비용이 많이 드는 단점도 있다. 건물 주변으로 개발이 이루어지고 골목이 개선이 되면서 땅값도 오르는 것인데, 개발 여력이 부족하다 보니 투자가치가 낮다고 할 수 있다.

도로는 최소 6m 이상의 도로를 추천하고 도로 폭이 넓으면 넓을수록 좋지만 사람이 안 다니는 횅한 대로변보다 사람이 많이 다니는 이면도로가 좋을 수도 있다. 이보다 넓은 8m 도로는 차 3대, 12m 도로는 차 4대, 15m 도로는 차 5대가 다닐 수 있고 15m 도로는 이차선 도로변이라고도 한다.

6m 도로는 차 2대가 왔다 갔다 할 수 있고 사람이 다닐 수 있는 공간도 충분하다.

15m 도로는 차가 5대 다닐 수 있어 2차선 도로변이라고도 한다.

1종 전용주거지역 및 1종 일반주거지역

건물의 용도지역도 검토해야 할 필수 사항이다. 서울의 1종 전용주거지역은 용적률이 100%이고, 1종 일반주거지역은 용적률이 150%이다. 이 말은 쉽게 말해 1종 용도지역은 건물을 높게 못 짓는다는 말이다.

건물을 높게 못 짓는다는 것은 그만큼 임대수익이 빠지기에 건축업자들에게 매력도가 떨어져서 주변 개발 속도가 더디다. 또한 내가 실제 사용할 목적이라면 면적이 작을 수밖에 없다. 그래서 대부분 1종 용도지역은 주택가로 형성되어 있다. 주택 이외의 목적으로는 찾는 사람들이 없기에 투자가치가 낮을 수밖에 없다. 그래서 최소 2종 일반주거지역 이상으로 투자를 추천한다.

그런데 강남과 서초구 지역은 제외다. 강남권은 어느 용도지역

1종 주거지역은 층이 낮고 주택가로 형성되어 있다.

이든 다 투자가 가능하고 도로가 좁아도, 사람이 안 다녀도, 역에서 멀어도 상관없다. 강남은 어느 상황에서도 가격이 올라가기 때문이다. 물론 도로가 넓고 사람이 많이 다니고 역에서 가까우면 더 좋겠지만 그만큼 비싸기 때문에 괜찮은 건물이 나온다면 1종 용도지역 건물도 괜찮다.

수도권 이외 지역

수도권 일대에 거주하는 빌딩 투자자들의 100명 중 99명은 수도권 일대를 찾는다. 지방에 아무리 수익이 높고 싸게 나온 빌딩을 소개해주어도 관심이 없다. 해외에 거주하는 투자자들도 수도권에 있는 매물을 찾지 지방 매물은 원치 않는다. 일단 본인이 활동하는 동네가 아니면 정보를 잘 모르고, 멀어서 관리하기가 힘들고, 무엇보다 투자가치가 낮다고 생각하기 때문이다.

그런데 지방에 있는 투자자들은 거주하고 있는 지역의 빌딩을 매입할 수도 있고 수도권에 있는 빌딩을 매입할 수도 있다. 또한 지방에 있는 투자자들은 타 지방에 있는 빌딩은 매입하지 않는다. 예를 들어 부산에 있는 투자자가 대전에 있는 빌딩에 투자하지 않지만 수도권에 있는 빌딩은 투자할 수도 있다. 빌딩 투자의 가장 중요한 요소는 환금성이다. 환금성이 좋으려면 입지가 좋아야 하는데, 수도권은 각지에서 사람이 몰리는 곳이기에 환금성이 뛰어나다.

원룸 건물

일단 원룸 건물은 수익률이 매우 높은 게 장점이다. 하지만 단점도 매우 많다. 우선 관리가 어렵다. 변기가 막혔다며 밤늦게 전화가 오거나 주차 문제로 시도 때도 없이 전화가 올 수 있다. 또한 가구 수가 많다 보니 각종 민원으로 처리할 사항이 많다. 관리하기가 어려워 건물 매각하는 주인도 꽤 많이 있다. 그리고 주택으로 들어가다 보니 대출이 안 나오고 다른 집을 갖고 있으면 2주택자가 되어서 각종 세금 부담으로 인해 투자가치도 떨어진다. 빌딩의 꽃은 수익보다 시세차익인데 찾는 사람이 없으니 투자가치도 매우 낮은 것이다.

참고로 예전에는 고시텔이 들어 있는 건물은 기피 업종 대상이었다. 고시텔은 많은 사람이 살고 있기 때문에 화재의 위험성도 있고 냄새, 청결 등 건물 상태도 안 좋아진다. 그래도 요즘은 선호하는 업종까지는 아니지만, 근린생활시설 건물로 분류하고 있고 월세가 안정적이기 때문에 예전만큼 기피하지 않는 편이다.

주택 건물(다가구, 다세대, 단독주택 등)

15억 원 이상 되는 주택 건물은 대출이 전혀 안 나오고 2주택이면 취득세, 보유세, 양도소득세 등이 중과세로 분류되어 투자할 사람이 없다고 봐야 한다.

유흥업소(룸살롱, 안마시술소, 가라오케 등)

사실 유흥 업종은 임대료가 굉장히 잘 나오는 편이다. 하지만 건물 이미지가 안 좋고 나중에 내보내기가 어렵다. 그리고 위락시설로 분류되어 취득세 및 재산세가 중과세 대상이다. 이런 업종은 투자자들한테도 기피하는 건물로 나중에 팔고 나오기가 어렵다. 그래서 수익은 좋은 편이지만 투자가치는 매우 낮다. 건축물대장을 보면 위락시설이 표기되어 있다.

▶ **A 건물의 건축물대장(층별 현황)**

구분	층별	구조	용도	면적(m²)
지하	지1	철근 콘크리트조	위락시설	148.37
지상	1층	철근 콘크리트조	근린(일반음식점)	158.71
지상	2층	철근 콘크리트조	근린(일반음식점)	157.99
지상	3층	철근 콘크리트조	위락시설(유흥 주점)	157.99
지상	4층	철근 콘크리트조	위락시설(유흥 주점)	157.99

이빨 빠진 건물

건물에 일부 호실(지분)이 다른 사람 앞으로 되어 있는 것을 말한다. 이런 건물은 보유할 때는 문제가 없지만 매각할 때 문제가 생긴다. 매각하더라도 통 건물 전체를 넘기는 게 아니고 일부만 넘겨야 하는데 투자자들한테 매력도가 떨어져 이런 건물은 아주 높은 메리트가 있지 않은 이상 매각하기가 어렵다. ₩환금성이 떨어지기 때문에 투자가치가 낮다. 투자자 대부분은 좌지우지할 수 있는 자기만의 단독 소유를 원한다.

한 필지의 2개 건물 중 1개 소유주가 다른 건물

건축물대장 등 공부상에 표기는 안 되어 있지만 현장 답사를 하다 보면 오래된 건물 중에서 하나의 필지에 2개의 건물이 있는 경우가 있다. 그런데 그중 한 개가 다른 사람 소유라면 투자하면 안 된다. 오래전에 필지 정리가 안 되어 있을 때 분할하지 않고 방치해둔 것인데 종로구나 남대문 같은 오래된 지역에 가면 이런 건물들이 종종 있다. 분할 신청하면 되는 경우도 있지만 건물이 붙어 있거나 지구단위 계획으로 묶여 있으면 안 된다고 봐야 한다. 투자자는 단독 소유를 원하기에 이런 건물은 사려고 하는 사람이 없어 환금성이 떨어진다고 봐야 한다.

고가 및 터널 앞에 있는 건물

상권이 좋으려면 도로 양쪽에 건물이 들어와 있어서 그 안에 유동 인구가 왔다 갔다 하면서 상권이 형성되는데 고가나 터널 앞에 있는 건물들은 유동 인구가 한쪽으로만 치우치기에 상권 확장성이 매우 낮은 곳이다. 그리고 대체로 고가나 터널 앞은 미관상 좋지 않기에 잘 개발되지 않는 곳이기도 하다. 이런 곳은 투자자들에게 매력도가 낮은 곳이라고 할 수 있다.

재개발, 재건축 지역 건물

재개발, 재건축 지역은 공공개발이면 현금청산으로 받고 민간 재개발이면 입주권으로 받는다. 그런데 현금청산은 감정가거나 감정가의 20~30% 정도 상회해서 받지만, 입주권은 중간에 팔지도 못하고 7년에서 10년 이상 장기간 묶여 있어야 한다. 결국 다른 기회비용을 놓치는 꼴이 된다.

통임차인이 있는 건물

통임차인은 기피할 정도는 아니지만 10명 중 3~4명은 통임대를 부담스러워한다. 임차인이 나가버리면 통으로 비기 때문에 대출 이자 부담이 따를 수 있다. 더 큰 위험은 임차인이 사업이 어려워 월세를 갑자기 못 내기라도 한다면 대출 이자 감당이 안 되어 더 큰 위험이 따를 수 있다.

하지만 통임차인의 장점도 있다. 관리하기 쉽다. 건물 관리는 은근 신경 쓸 게 많아 스트레스가 많이 따른다. 그런데 통임차인은 월세만 제 날짜에 들어오면 만사 오케이다. 특히 우량 임차인이 있으면 월세 밀릴 걱정 없이 매월 돈만 따박따박 받으면 된다. 그런데 통임차인의 사업이 위태롭거나 월세가 많이 밀려 있다면 투자자는 이런 통임차인이 있는 건물을 싫어하기 때문에 건물 가격은 제값을 못 받는다. 이럴 때 매도인은 새로운 임차인을 들여놓을 때까지 기다렸다가 매각해야 제값을 받을 수 있다.

골목 안에 주택만 있는 건물

골목 안에 주택만 있는 곳은 유동 인구가 안 다니는 곳이라 주택이 아니면 임대 맞추기가 어렵다. 당연히 이런 곳은 투자가치가 떨어져 투자자들에게 외면받을 수밖에 없다. 아무리 싸더라도 수요가 없다면 가치가 떨어진다. 단, 강남권, 마포구, 용산구, 성동구 등 주요 핵심지역은 골목 안에 주택만 있어도 사무실로도 임대가 나가고 또한 잠재적 개발가능성이 많은 곳으로 투자가치가 있다.

시세보다 많이 비싼 건물

당연한 얘기지만 가장 중요한 말이다. 입지가 좋은 건물은 비싸게 나와서 비싸게 팔리긴 하지만 아무리 입지가 좋아도 가격이 터무니없다면 매입하지 말아야 한다. 그러기 위해서는 주변 시세가 어느 정도 되는지를 파악해야 한다. 앞에 언급한 기피해야 하는 빌딩 투자처 13곳을 제외하더라도 금액이 말도 안 되게 비싸면 무슨 소용이겠나. 그러기에 공부를 해야 한다. 아니면 좋은 전문가를 만나거나.

계약 전 이것만은
반드시 체크하자

　건물을 열심히 보러 다니며 발품을 팔고 모든 검토가 끝났다면 계약 전 최종적으로 확인해야 할 사항이 있다. 만약 이런 부분을 놓치면 그 모든 노력이 물거품이 되므로 사전에 철저히 체크하는 일이 필요하다.

등기부를 통해 권리관계 확인하기

　등기부등본은 대법원 인터넷등기소 홈페이지를 통해 쉽게 열람할 수 있다. 다음 그림과 같이 홈페이지에 등기부를 확인하고자 부동산을 검색하면 목록에 요약이란 부분이 있다. 그 부분을 체크하면 등기부 맨 마지막 페이지에 주요 등기사항 요약본을 볼 수 있다.

　소유자와 대출, 압류, 경매, 대출금액 등을 한눈에 볼 수 있도록 정리되어 있다. 신분증을 통해 소유자 이름이 맞는지 확인하고 대

▶ 등기부등본 열람 방법

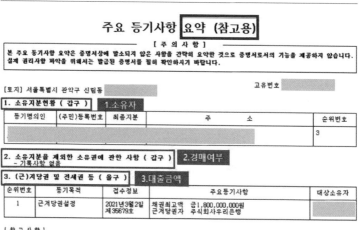

▶ 주요 등기사항 요약본

출금액이 얼마인지 체크하면 된다. 그중 중요한 사항은 권리관계다. 해당 건물에 대출이 얼마나 잡혀 있는지, 압류나 경매로 진행되고 있지는 않은지 등을 확인해야 한다. 갑구, 을구, 소유권 이외의 권리 이런 것은 몰라도 된다. 간단하게 대출이 얼마 있는지, 소유자는 누구인지, 이것만 알아도 계약하는 데 있어 전혀 문제가 없지만 권리관계는 꼭 확인해야 한다.

대체로 10개 건물 중에 9개는 근저당권(대출)이 잡혀 있는데 근저당권은 매매 금액의 최소 80% 이하로 되어 있어야 계약하는 데 문제가 없다. 계약금과 대출금액, 보증금을 합한 금액이 매매 금액보다 높다면 잔금을 주어도 잔액이 남아있기 때문에 소유권 이전이 안 된다. 또한 매매 금액이 20억 원인데 보증금이 1억 원, 대출이 19억 원으로 매매 금액과 채권 금액이 같다면 계약금과 잔금을 동시에 진행해야 한다.

그런데 대출받기 위해서는 계약금이 있는 계약서가 있어야 대출을 실행해준다. 이럴 때는 계약금을 매도인이 받지 않고 은행에 보관하거나 중개업소에서 보관해 놓고 잔금 때 한 번에 정리하는 방법이 있다. 압류, 가등기, 경매 등도 체크해야 할 사항이다. 잔금 때 소유권 이전 시 압류 가등기 등이 남아 있으면 소유권 이전이 안 된다. 이런 것들은 금액이 표시되어 있지 않기 때문에 압류된 금액이 얼마인지, 또한 무슨 내용인지 확인해야 한다.

만일 대출 및 압류된 금액이 매매 금액보다 높다면 거래하면 안 되는 것이고(매매 금액을 지불해도 대출 및 압류 금액보다 모자라서 정리가 안 되기 때문에), 또 압류된 금액이 잔금 전에 해결할 수 있는지도 체크해봐야 한다. 또한 경매 중인지도 확인해봐야 한다. 경매 진행 중이면 경매 개시일까지 일반 매매를 계약하여 소유권 이전은 문제가 없지만 어떻게 경매가 되었고 그 금액은 얼마인지 등을 파악해서 총 매매 금액에서 다 정리가 되는지 그리고 매매 금액 안에 채권 금액이 포함이 되더라도 말소할 수 있는 사항인지도 파악해봐야 한다.

역삼동에 있는 B 건물은 사채 및 대출 등으로 46억 원의 채무로 경매가 접수된 건물이었다. 시세는 65억 원이지만 급매로 50억 원에 시장에 나왔고 나오자마자 계약되었다. 잔금을 2주 안에 치르는 조건으로 계약금 1억 원을 주고(계약금은 보통 10%지만 대출·압류가 46억 원이기에 계약금 10%를 줄 수 없는 상황) 나머지 잔금으로 정리하였다.

잔금 5일 전에 사채 채권자를 불러 매수자가 채권자에게 직접 채무를 정리했고 잔금 때 은행 대출을 말소하여 정리하였다. 위 사례는 매매 금액이 50억 원이고 채무가 매매 금액보다 적은 46억 원이었기 때문에 경매에 들어가기 전에 정리될 수 있던 사례다. 만일 채무가 매매 금액보다 높은 51억 이상이면 건물이 팔려도 정리가 안 되기에 매입하면 안 되는 건물이다.

위반건축물

건축물대장을 통해 위반건축물인지 확인해야 한다. 위반건축물일 경우 건축물대장에 위법 내용들이 적혀 있다. 벌금 금액이나 더욱 구체적인 내용을 알고 싶다면 구청에 전화해서 물어보면 상세하게 설명해준다. 해당 사항을 들어보고 이 부분이 철거가 가능한 부분인지 철거가 불가능한 부분인지를 확인하여 판단하면 된다.

▶ 건축물대장1

■ 건축물대장의 기재 및 관리 등에 관한 규칙 [별지 제1호서식]

일반건축물대장(갑)   위반건축물

(3쪽 중 제 1 쪽)

고유번호			민원24접수번호		명칭		호수/가구수/세대수	0호/1가 구/0세대
대지위치	서울특별시 종로구		지번		도로명주소			
※대지면적	82.6 ㎡	연면적	50.25 ㎡	※지역		※지구		※구역
건축면적	㎡	용적률 산정용 연면적	㎡	주구조	목조	주용도 제2종근린생활시설		층수 지하 층/지상 1층
※건폐율	%	※용적률	%	높이	m	지붕	외층	부속건축물
※조경면적	㎡	※공개 공지·공간 면적	㎡	※건축선 후퇴면적	㎡	※건축선 후퇴거리		m

건축물 현황					소유자 현황			
구분	층별	구조	용도	면적(㎡)	성명(명칭) 주민(법인)등록번호 (부동산등기용등록번호)	주소	소유권 지분	변동일 변동원인
주1	1층	목조	일반음식점	50.25				2021.10.15. 소유권이전

이 등(초)본은 건축물대장의 원본 내용과 틀림없음을 증명합니다.

발급일자 : 2021년 11월 03일

▶ 건축물대장2

변 동 사 항			
변동일	변동내용 및 원인	변동일	변동내용 및 원인
2018.4.6.	청소행정과-9250(2018.04.06.)호에 의하여 청화조사항 등재(부패탱크방법, 10인용)		
2018.7.3.	 주택과-23840(2018.7.3.)호에 의거 위반건축물 표기 [무단 증축 : 1층(마당), 13.5㎡, 경량철골, 근생, 발생년도 2 009년도]		
	- 이하여백 -		

해결이 되는 위반건축물

단순한 위반건축물인 경우는 매도인에게 요청하여 철거해달라고 하면 되지만 당장 철거가 안 되는 경우가 있다. 임차인이 카페나 음식점, 테라스로 사용하거나 주차장을 상가로 이용한다거나, 음식점 확장을 위해 새시를 만들어놓았을 때 등은 임차인하고 협의를 하기 전까지는 당장 철거가 안 될 수 있다. 하지만 임차인의 편의를 위해 위반건축물이 등재된 것이라면 벌금 내는 것만큼 월세를 더 올려 받거나 아니면 그 벌금을 임차인이 낸다면 임대인 입장에서는 손해볼 것은 아니기에 괜찮다. 이런 해결이 가능한 위반건축물은 건물 가치에 지대한 영향을 주지 않는다.

음식점에서 공간 확장을 위해 위법으로 만든 새시. 대표적인 위반건축물

해결이 안 되는 위반건축물

해결이 안 되는 위반건축물은 불법으로 구조 변경한 건물, 안전진단을 허가받지 않고 대수선한 리모델링 건물, 불법으로 증축한 건물, 건축물이 토지보다 좀 더 크게 자리를 차지하고 있는 건물 등이 대표적인 예다. 특히 불법으로 구조 변경한 건물은 도면과 일일이 대조하기 불가능하므로 매도인한테 물어봐야 한다. 그리고 안전진단 허가를 받지 않고 대수선한 리모델링 건물 또한 허가받았는지 안 받았는지를 매도인에게 반드시 물어보고 확인해야 한다.

계약하고 나서 대출받을 때 감정평가사가 직접 나와 임차인 계약 내용과 맞는지도 확인해보지만 건축물과 도면상에 있는 내용과 일치하는지를 일일이 검토하는데, 만약 무허가 건물이나 위반건축물이 있으면 대출 심사에서 불허를 받게 되어 큰 낭패를 볼 수 있다.

이런 위반건축물들은 임차인을 다 내보내고 새로 짓거나 새로 대수선하기 전에는 원상복구가 어렵기에 벌금을 계속 낼 수밖에 없고 그 벌금도 상당히 센 편이다. 나중에 팔 때도 이런 상태에서 팔아야 하기에 매수자를 찾기가 더욱 어렵다. 이런 막대한 위반건축물은 대출에 영향을 줄 수 있고 매수자를 불안하게 만드는 요인으로 투자가치에 많은 영향을 줄 수 있다.

건물의 하자

건물의 대표적인 하자는 크게 두 가지다. 건물 파손 여부와 누수다. 건물 파손 여부는 쉽게 확인이 가능하고 실금 정도는 있을 수 있지만 파손되는 경우는 극히 드물다. 그런데 누수는 육안으로 확인이 안 되는 경우가 많기 때문에 찾아내기가 어렵다. 그렇다고 계약도 안 했는데 생판 모르는 임차인들한테 가서 물 새는지 여부를 물어보는 것도 실례다.

만일 건물주가 이런 사실을 안다면 기분 나빠서 안 판다고 할 것이다. 그럼 어떻게 확인해야 하나. 매도인한테 물어보는 방법이 가장 빠르겠지만 매도인 말을 다 믿을 수 없다면 직접 확인할 수 있는 방법밖에 없다. 옥상에 방수가 되어 있는지 그리고 복도 천장, 벽에서 물샌 자국들로 확인해볼 수 있다. 경미한 누수는 크게 걱정 안 해도 된다. 누수는 안 잡히는 것은 없다. 단지 비용이 들어갈 뿐이다. 좋은 매물을 어렵게 찾았는데 물 조금 샌다고 계약을 주저하는 것은 오히려 더 큰 손해다.

누수가 있으면 매도인한테 요청해서 해결해달라고 하면 된다. 누수가 없는지 확인하고 계약했어도 만일 잔금 후 6개월 안에 물이 샌다면 민법 512조에 하자담보 보수청구권으로 매도인한테 청구할 수 있다.

임대차계약서

임대차계약서는 계약 자리에서 확인할 수 있다. 가끔 계약 전에 임대차계약서를 요청하는 경우가 있는데, 계약할지 안 할지도 모르는 상황에서 개인정보가 담겨 있는 임대차계약서를 요청하는 것은 실례다. 임대차계약서는 계약 자리에서 확인해도 늦지 않다. 계약할 때 임대료가 상담받은 내용하고 일치하는지, 퇴실을 앞둔 임차인은 없는지, 임대료가 밀린 임차인은 없는지 정도만 체크하면 된다.

그리고 월세가 몇 개월 정도 밀려 있는 것은 상관없다. 잔금 치르고 나서도 매도인이 안고 가야 할 부분이고 매수자는 하나도 안 밀린 상태로 인수를 받기 때문이다. 그런데 가끔 이것 때문에 계약을 앞에 두고 주저하는 분들이 있는데 이건 명백한 소탐대실이다. 월세 한두 달 밀려 있다고 해서 건물 가치에는 영향을 받지 않는다. 신경만 좀 쓰일 뿐이다. 해마다 몇억 원씩 오르고 있는데 월세 좀 밀렸다고 해서 겁내지 않아도 된다. 다시 말하지만 임대료가 밀려 있는 것은 매도자의 몫이고 매수자는 월세가 밀린 것과 관계없이 안 밀린 상태에서 건물을 인수하기 때문에 매입할 때부터 잘 관리하면 된다.

가짜 임대차계약서 실태?

우선 빌딩 매입을 하기 전에는 임대차계약서를 꼼꼼히 따져봐야 한다. 임차인의 임대 기간은 언제부터 언제까지인지 그리고 곧 나가지는 않는지, 임대료에 부가세는 별도인지가 중요하다. 부가세는 임대료의 10%인데 간혹 임대료에 부가세를 포함시켜 수익률 계산을 하는 경우가 있다. 부가세는 세금이지 수익이 아니다. 그리고 관리비는 얼마인지, 관리비 지출은 얼마나 되는지, 밀린 월세가 없는지 등을 꼼꼼하게 체크해봐야 한다. 좀 더 디테일하게 알고 싶으면 음식점이면 음식을 가서 먹어보거나, 점심과 저녁시간에 손님이 얼마나 있는지 체크해보거나, 동네 주민들한테 평판을 물어보는 방법도 있다. 사무실이면 회사명으로 네이버 검색이나 구글링을 통해 매출이 얼마 정도인지 등을 파악할 수 있다(임대료가 수천만 원 하는 임차인 아니면 여기까지 알아보는 사람은 없다).

그런데 간혹 몇몇 투자자는 매입하려는 건물의 임차인 사업이 잘되는지 여부와 임차인 사업의 뒷조사까지 세밀하게 하려고 하는 경우가 있다. 또

어떤 투자자는 임차인이 진짜 임차인인지 혹시 매도인이 넣은 가짜 임차인이 아닌지 색안경을 끼고 바라보는 투자자도 있다. 가끔은 중개사의 말까지 의심의 눈초리로 바라본다.

이런 유형의 투자자는 대체로 처음 건물을 사는 고객들이다. 처음이라 두렵기도 하고 잘 모르니까 그런 것이겠지만 너무 깊게 생각해서 일어나지 않을 일까지 걱정하다가 결국 건물을 못 사게 된다. 이 책을 본 이후로는 제발 이런 걱정은 하지 말기를 바란다.

나는 지금까지 12년 동안 빌딩 중개를 수없이 하면서 한 번도 건물주가 임대차계약서를 가지고 장난친 적을 못 봤다. 착오로 인해 임대료가 몇십만 원 정도 플러스 마이너스로 틀린 적은 있었지만 잘 팔기 위해 가짜 계약서까지 만들어서 내놓는 경우는 못 봤다.

가짜 임대차계약서를 만들어 계약할 경우, 문서 위조로 사기죄에 해당한다. 그렇게 안 해도 다 팔 수 있는데 매도인이 군이 위험을 감수하면서까지 할 필요 없다고 생각한다. 하지만 외지에 있는 건물이나 먼 지방 골짜기에 있는 건물은 하나하나 잘 살펴봐야 한다. 이런 곳은 임대료가 높아야 팔 수 있기 때문에 가짜 임차인을 맞추고 임대료를 높이는 경우가 종종 있다. 수도권이나 주요 도시에 있는 건물들은 그렇게 안 해도 임자 만나면 다 팔리기 때문에 가짜 임대차 걱정은 안 해도 된다. 힘들게 발품 팔아서 정말 좋은 건물을 찾았는데 임대료가 밀려 있어서 못 사고 임차인이 사업이 안 돼서 못 사고 주인이 의심되서 못 사는 것은 투자에 있어 오히려 손해다.

건물 가격은 하루가 다르게 올라가는데 눈앞에서 좋은 건물을 놓치면 놓친 건물과 비교하게 되어 매입 시기가 더 늦어지고 어느새 건물 가격은 저만큼 올라가 있고 결국 매입을 포기하게 된다. 한번 의심을 품게 되면 한도 끝도 없이 의심하게 되어 결국 건물을 못 산 분들을 한두 번 본 게 아니다. 건물은 복잡하게 생각하면 안 된다. 단순하게 생각해야 오히려 성공적인 투자를 할 수 있다. 그래도 복잡하고 두려워서 건물 투자는 못 하겠다는 분들은 그냥 아파트 사라. 제일 속 편하다.

큰 거 한 채 살까,
작은 거 여러 채 살까?

빌딩 몰빵?

자산을 많이 보유한 고객들 중에 빌딩 투자를 나눠서 하는 게 좋은지 아니면 하나에 몰빵하는 게 좋은지 물어오는 분들이 많이 있다. 예를 들어 현금 20억 원이 있는데 대출 껴서 50억~60억 원짜리 사는 게 나은지 아니면 20억 원짜리 세 채를 사는 게 나은지, 어느 쪽이 시세차익에 유리한가를 궁금해한다. 이번에는 큰 건물 한 채가 나은지, 작은 건물 두 채 또는 여러 채가 나은지 알아보겠다.

부린이라면 작은 건물부터

부린이가 처음부터 큰 건물을 사려고 하면 겁이 나서 쉽게 결정하지 못한다. 이럴 때는 작은 건물 하나를 사보고 감을 익힌 다음에 큰 건물에 투자하는 것도 좋은 방법이다. 일단 건물 하나를 사보면 두 번째 건물은 결정하기가 매우 쉬워진다. 내 고객 중 한 분은 2년 간 건물을 못 사다가 9억 원짜리 금호동 빌딩을 사더니 1~2개월에 하나씩 건물을 수집하듯 모으고 있다. 최초 매입부터 6개월 동안 8 개를 매입하였다.

그리고 작은 건물 여러 개를 하나씩 산다면 매입하는 재미가 있 다. 특히 누구보다 부동산 전문가가 된다. 건물을 여러 개 매입하 다 보면 많은 지역을 알게 되고 지역 전체적으로 시세가 어느 정도 인지 파악이 된다. 감을 잃지 않고 꾸준히 부동산에 관심을 갖고 보기에 건물을 보는 안목이 좋아질 수밖에 없다. 또한 이런 분들은 지속적으로 많은 건물을 매입해왔기에 관련된 법규, 위험 요소, 대 출, 세금까지 모두 잘 알고 있고 경험이 많아 웬만한 중개업자들보 다 더 전문가인 경우가 많다. 그리고 많은 중개업소를 알고 있어 누구보다 정보가 빠르며, 꾸준히 매입을 하기에 중개업자들한테도 1순위 고객이다. 이런 분들한테는 그를 따르는 추종자까지 있다. 심지어 알아서 대신 구입해달라고 믿고 맡기는 투자자들도 상당히 많이 있다. 서울에 현금 2억~3억 원으로도 대출 껴서 살 수 있는 건물들이 찾아보면 많이 있으니 우선 작은 것부터 시작해보자!

건물 여러 개가 있다면 관리하기가 어렵다

건물을 갖고 있으면 임차인들을 만나서 계약서 갱신도 해야 하 고 건물 청소, 관리 상태, 임대 관리 등 평균적으로 한 달에 한 번 정도는 가야 한다. 그런데 건물이 두 채 있다면 한 달에 두 번 정도, 세 채 있다면 한 달에 세 번 정도 관리하러 다녀야 해서 신경 쓸 게 배로 많아질 수 있다. 내가 '부른이(부동산 어른)'라면 큰 건물 하나로 가고, '부린이(부동산 어린이)'라면 작은 건물 하나를 사서 부른이가 될 때까지 하나씩 사 모으자.

경험이 있다면 하나에 몰빵

부동산 공부를 오랫동안 해왔고 경험이 있다면 작은 건물 여러 개보다는 큰 건물 하나를 사는 것을 권한다. 이런 분들은 기본적인 안목이 있기 때문에 결정이 빠르다. 부린이들의 특징은 좋은 건물을 앞에 두고도 겁이 나서 놓치는 경우가 많다는 것이다. 그런데 경험자들은 좋은 건물이 있다면 보지도 않고 계약하는 경우도 많다. 대체로 그날 봤으면 늦어도 그다음 날 안에 계약 자리까지 간다. 부린이들과 부른이와의 차이는 결정이 빠르냐 늦냐의 차이다. 부동산은 결정 속도에 따라 투자를 잘하냐 못하냐로 갈린다. 왜냐하면 하루빨리 건물 사는 게 돈 버는 일이기 때문이다.

그리고 시세차익은 작은 건물이나 큰 건물이나 같이 올라간다. 하지만 작은 건물보다 큰 건물이 시세차익이 좀 더 크다. 꼭 그렇다는 건 아니지만 같은 위치에 있다면 10억 원대는 평당 5천만 원에 나온다면 50억 원대 건물은 평당 4,500만 원에 나오고 100억 원대는 평당 4천만 원에도 나온다. 금액이 클수록 수요자들이 적

논현동114-21		논현동114-28	
매매시기	2020년 11월	매매시기	2020년 6월
매가	**30억**	매가	**70억**
면적	27.04평	면적	88.45평
평당	**1억 1천**	평당	**7천 9백**

어지기 때문이다. 위 사진의 왼쪽 건물은 2020년 11월, 평당 1억 1천만 원으로 총 30억 원에 매각되었고 같은 라인에 있는 오른쪽 건물은 2020년 6월, 평당 7,900만 원으로 총 70억 원에 매각되었다. 비슷한 위치지만 30억 원 건물보다 70억 원 건물이 평당 약 3천만 원 싸게 매각된 셈이다.

개인으로 살까,
법인으로 살까?

싸게 살 수 있는 방법으로 산다

빌딩을 구입할 때 개인으로 할지 법인으로 할지 고민하는 투자자들이 많다. 법인이 빌딩을 매입하고, 보유하고, 임대를 놓고, 매도하는 과정은 사실 개인과 크게 다르지 않다. 개인과 법인을 두고 고민하는 가장 큰 이유는 바로 세금 때문이다.

빌딩을 매입할 때 활용하는 법인은 부동산 임대업 법인과 제조업, 판매업, IT 등 사업자 법인이 있다. 이번에는 개인, 임대업, 사업자 법인으로 매입했을 때 취득세, 보유세, 양도소득세 등이 각각 어떤 점이 유리한지 살펴보겠다.

취득세

올근생인 건물을 취득할 때는 건물이 한 채든 열 채든 개인, 법인 모두 똑같이 4.6%의 세금을 낸다. 그런데 주택인 건물을 취득할 경우 개인은 2주택 시 8%, 3주택 이상은 12%의 세금을 내지만 법인은 주택 수와 상관없이 무조건 12%의 세금을 낸다. 주택 건물을 매입한다면 개인으로 취득하는 게 유리하다.

보유세

올근생인 건물은 개인과 법인 모두 재산세는 동일하다. 그러나 종합부동산세(종부세)는 주택에만 있는데 3주택 이상과 조정대상지역 2주택 보유자의 경우 개인은 1.2~6%, 법인은 3~6%로 종부세율이 적용되고 있다.

임대소득세(종합소득세)

개인은 개인이 1년 동안 발생한 근로소득, 사업소득, 임대소득 등 다양한 소득에 임대료까지 합해서 종합소득세로 나온다. 법인은 법인이 분기마다 발생한 모든 수익을 합쳐서 법인세라는 하나의 항목으로 과세한다. 개인은 소득에서 6~42%의 세금이 나오며, 법인은 10~20%의 세금이 나온다. 소득세 최고율이 개인 사업자보다 법인 사업자가 상당히 낮다. 소득세에서는 법인이 좀 더 유리하다.

양도소득세

개인의 양도소득세율은 과세표준에 따라서 6~45%의 세금이 나온다. 법인은 양도소득세의 개념이 따로 없다. 다른 모든 소득과 함께 법인세가 나오는데 양도차익에 따라 10~20%의 세금이 적용된다. 주택 매각 시 개인은 조정대상지역 내 다주택자의 주택 양도 (2년 이상 보유) 시 최고세율이 52%(2주택자), 62%(3주택자)에 이르며, 2년 미만 단기 보유 주택 거래에 대한 양도소득세는 1년 미만 보유는 70%, 2년 미만은 60%까지 부과된다. 법인이 주택 매각 시 기본 10~25%에서 추가로 10%의 세금이 적용된다.

장기보유특별공제

개인은 3~15%까지 있으며 법인은 장기보유특별공제 혜택이 없다.

건강 의료보험료

법인으로 하게 되면 대표자는 건강 의료보험료를 아낄 수 있다. 개인은 소득과 부동산, 자동차 등 모든 재산을 산정해서 건강 의료보험료를 납부하기에 소득과 재산이 많으면 건강 의료보험료를 많이 내야 하지만 법인은 대표자 월급으로만 산정되기 때문에 보험료가 줄어든다.

법인으로 매입 시 주의할 점

5년이 넘은 법인이 부동산을 취득할 시에는 일반세율인 4.6% 를 납부하지만 5년이 안 된 법인이 과밀억제권역 내에 있는 빌딩을 취득하는 경우 취득세가 4.6에서 9.4%로 올라간다. 예를 들어 30억 원인 A 건물을 매입했을 경우 1억 3,800만 원만 내면 되지만 5년 안 된 법인은 2억 8,200만 원을 내야 한다.

하지만 피해갈 수 있는 방법이 있다. 법인을 과밀억제권역 외에 설립하면 된다. 서울 외 지역으로 파주, 용인(일부), 인천(일부), 남양 주(일부), 오산, 광주, 양주, 화성 등이 이에 해당하는 지역이다. 법인을 설립하고 나서는 한 달에 한두 번 정도는 법인이 있는 지역에 가서 휘발유, 식비 등을 사용하여 업무를 보았다는 증거를 남겨두는 게 좋다.

▶ **수도권 과밀억제권역**

과밀억제권역	비과밀억제권역
▶ 서울특별시(가산디지털, 구로디지털 산업단지는 제외) ▶ 인천광역시(강화군, 옹진군, 서구 대곡동, 불로동, 마전동, 금곡동, 오류동, 왕길동, 당하동, 원당동, 인천경제자유구역 및 남동국가산업단지는 제외) ▶ 의정부시 ▶ 구리시 ▶ 남양주시(도농동, 지금동, 수석동, 가운동, 삼패동, 이패동, 일패동, 금곡동, 평내동, 호평동만 해당) ▶ 하남시 ▶ 고양시 ▶ 수원시 ▶ 성남시 ▶ 안양시 ▶ 부천시 ▶ 광명시 ▶ 과천시 ▶ 의왕시	▶ 동두천시 ▶ 안산시 ▶ 오산시 ▶ 평택시 ▶ 파주시 ▶ 남양주시(와부읍, 진전읍, 별내면, 퇴계원면, 진건읍, 오남읍만 해당) ▶ 용인시(신갈동, 하갈동, 영덕동 구갈동, 상갈동, 보라동, 지곡동, 공세동, 고매동, 농서동, 서천동, 언남동, 청덕동, 마북동, 동백동, 중동, 상하동, 보전동, 풍덕천동, 신봉동, 죽전동, 동천동, 고기동, 상현동, 성복동, 남사면, 이동면, 원삼면, 목신리, 죽릉리, 학일리, 독성리, 고당리, 문초리만 해당) ▶ 연천군 ▶ 포천시 ▶ 양주시 ▶ 김포시 ▶ 화성시 ▶ 안성시(일부) ▶ 시흥시

법인으로 매입 시 단점

법인의 단점은 임대소득이나 양도차익으로 발생한 이익금은 대표자가 마음대로 사용할 수 없다는 것이다. 법인에 있는 돈을 사용하려면 급여, 배당을 통해서만 가능하다.

법인으로 들어온 이익금을 개인으로 받게 되면 개인 소득세에서 또 한 번 과세된다. 법인세와 개인 소득세로 2중 과세가 되는데 이렇게 되면 개인이나 법인이나 별반 차이가 없다. 그래서 무리하게 법인의 돈을 가져올 필요가 없다. 왜냐하면 임대업을 하면서 지출한 비용은 대부분 경비 처리를 할 수 있기 때문이다.

부동산 임장을 하기 위한 교통비, 식대 비용, 커피값, 건물 수리비, 용역비용 등을 필요 경비로 처리할 수 있다. 이 필요 경비는 법인세(양도소득세)에서 비용 처리가 된다. 그러니 개인 급여만으로도 생활이 된다면 최대한 법인 돈으로 사용하는 것이 좋다. 법인 필요 경비로 인정되는 항목들은 다음과 같다. 임대료, 식대비, 통신비, 사무용품, 인테리어 비용, 교통비, 기타 비품 구입비, 활동비, 인건비, 중개수수료, 취득세, 건물 관련 수리비, 용역비, 청소비 등.

▶ 취득세

분류	주택			상가
	1주택	2주택	3주택 이상	
개인	1~3%	8%	12%	4.6%
법인	12%			4.6%

▶ 보유세

종합부동산세

과세표준	일반(2주택 이하)			3주택 이상 / 조정대상 2주택		
	개인		법인	개인		법인
	세율	누진공제액		세율	누진공제액	
3억 원 이하	0.6%		3%	1.2%		6%
6억 원 이하	0.8%	60만 원		1.6%	120만 원	
12억 원 이하	1.2%	300만 원		2.2%	480만 원	
50억 원 이하	1.6%	780만 원		3.6%	2,160만 원	
94억 원 이하	2.2%	3,780만 원		5.0%	9,160만 원	
94억 원 초과	3.0%	11,300만 원		6.0%	18,560만 원	

재산세

주택			상가
과세표준	세율	누진공제액	
6천만 원 이하	0.1%		0.25%
6천만 원~1.5억 원	0.15%	3만 원	
1.5억 원~3억원	0.25%	18만 원	
3억 원 초과	0.4%	63만 원	

▶ 임대소득세(종합소득세)

개인			법인		
과세표준	세율	누진공제액	과세표준	세율	누진공제액
1,200만 원 이하	6%		2억 원 이하	10%	
1,200만 원 초과~ 4,600만 원 이하	15%	108만 원			
4,600만 원 초과~ 8,800만 원 이하	24%	522만 원			
8,800만 원 초과~ 1.5억 원 이하	35%	1,490만 원			
1.5억 원 초과~ 3억 원 이하	38%	1,940만 원	2억 원 초과~ 200억 원 이하	20%	2,000만 원
3억 원 초과~ 5억 원 이하	40%	2,540만 원	200억 원 초과~ 3,000억 언 이하	22%	4억 2,000만 원
5억 원 초과	42%	3,540만 원	3,000억 언 초과	25%	94억 2,000만 원

▶ 개인 양도소득세

과세표준	세율	누진공제액
1,200만 원 이하	6%	
1,200만 원 초과~ 4,600만 원 이하	15%	108만 원
4,600만 원 초과~ 8,800만 원 이하	24%	522만 원
8,800만 원 초과~ 1.5억 원 이하	35%	1,490만 원
1.5억 원 초과~ 3억 원 이하	38%	1,940만 원
3억 원 초과~ 5억 원 이하	40%	2,540만 원
5억 원 초과	42%	3,540만 원
10억 원 초과	42%~45%	6,540만 원

▶ 법인 양도소득세

과세표준	세율	누진공제액
2억 원 이하	10%	
2억 원 초과~ 200억 원 이하	20%	2천만 원
200억 원 초과~ 3,000억 원 이하	22%	4억 2천만 원
3,000억 초과	25%	94억 2천만 원

▶ 개인과 법인 양도소득세 중과세율

구분		보유 기간	세율	비고
1주택		1년 미만	70%	
		2년 미만	60%	
		2년 이상	기본세율	
2주택	조정대상지역	1년 미만	70%	中 큰 세액
			기본세율+20%	
		2년 미만	60%	中 큰 세액
			기본세율+20%	
		2년 이상	기본세율+20%	
	일반지역	1년 미만	70%	
		2년 미만	60%	
		2년 이상	기본세율+20%	
3주택	조정대상지역	1년 미만	70%	中 큰 세액
			기본세율+30%	
		2년 미만	60%	中 큰 세액
			기본세율+30%	
		2년 이상	기본세율+30%	
	일반지역	1년 미만	70%	
		2년 미만	70%	
		2년 이상	기본세율+30%	
법인		양도차익 시 기본세율+20%		

법인 회사 설립 방법

　법인을 설립하기 위해서는 사업장 주소가 반드시 있어야 한다. 그런데 사업장 주소지가 과밀억제권역 안에 있느냐 과밀억제권역 밖에 있느냐에 따라 취득세가 달라지기 때문에 사전에 이를 잘 알아보고 주소지를 정해야 한다. 만일 신규 법인이 '과밀억제권역 내에' 법인을 설립하면 부동산을 매수했을 시 드는 취득세가 9.4%로 높아지지만 신규 법인이 '과밀억제권 밖에' 법인을 설립하여 부동산을 매수했을 시는 4.6%로 일반과세로 적용된다.

　그런데 과밀억제권역이더라도 5년이 지난 법인이 부동산을 매입하면 일반과세로 적용되니 어떤 지역의 매물을 취득해도 상관없다. 즉, 5년이 안 된 신규 법인일 경우에만 해당된다. 대출은 과밀억제권역이든 아니든 상관 없이 동일하게 나온다. 이 법이 설립된 취지는 '과밀억제권역 내에 회사들이 너무 많이 있으니 이곳에 법인을 세우지 말고 그래도 들어오고 싶거든 세금을 내고 들어와라'다. 즉, 수도권과 지방을 균형 있게 발전시키기 위해 세워진 법이라고 보면 된다.

과밀억제권역 제외 지역으로는 파주, 양주, 광주, 용인(일부), 원주, 인천(일부), 남양주(일부) 등이다. 서울에서 비교적 가까운 곳이니 본인이 거주하는 지역과 가장 가까운 곳으로 선택하면 되겠다. 서울 가산디지털단지나 구로디지털단지는 산업단지로 지정되어 있어 이곳에 설립하여도 취득세, 중과세를 적용받지 않는다. 과밀억제권역은 바뀔 수 있기 때문에 해당 지역 구청에 문의하여 재확인하고 설립하는 것이 안전하다. 또한 과밀억제권 제외 지역이라고 하더라도 일부 지역은 임대사업자 신청을 안 받아주는 곳도 있으니 반드시 사전에 해당 지역 세무소에 확인해보기 바란다.

만약 해당 지역을 정하였으면 법인을 설립할 사무실 장소를 정해야 하는데 소호 사무실을 추천한다. 소호 사무실은 1~2인 기업인에게 작은 사

▶ **인터넷 등기소 홈페이지**

▶ 인터넷 등기소 통해 중복 상호명 걸러내기

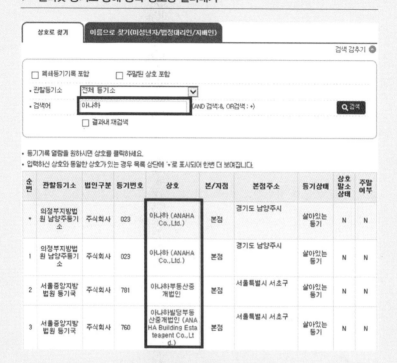

무실을 임대해주는 곳으로 우편물 수취와 전화응대 등의 서비스를 제공해 주는 곳이다. 임대비용은 법인사업자만 걸었을 때는 보증금 100만 원에 월 6~10만 원 정도 하며, 직접 공간을 사용하면서 사업자를 걸었을 때는 30만 ~50만 원의 임대료가 발생한다. 장기 계약을 하면 임대료는 줄어들 수 있 으니 참고하라.

네이버 검색창에 해당 지역을 검색하면 수많은 소호 사무실이 나와 있 어 직접 가지 않고도 유선상으로 서류를 건네만 주면 전화로도 신청할 수 있다. 사업자만 걸었을 때는 한 달에 한두 번 정도는 해당 지역에 가서 신용카드를 사용하길 바란다. 이런 일은 거의 없겠지만 혹시 과세당국에서 세금을 회피할 목적으로 법인을 다른 지역에 세운 것이 아니냐고 했을 시에 대비하여 한 달에 한두 번 정도는 해당 지역에 가서 신용카드로 사용하여 증거 자료를 남겨두는 것이 안전하다.

법인 주소지를 선택하였으면 법인의 이름과 종목에 들어갈 사업 목적을 작성해야 한다. 먼저 법인 이름이 중복되는지 확인하고 설립해야 한다. 확인하는 방법은 인터넷등기소 홈페이지에 들어가면 좌측 하단에 '법인상호 검색'을 통해 중복 여부를 확인할 수 있다. 이름이 선정되었으면 그다음으로 해야 할 것은 종목에 들어갈 사업 목적을 작성하는 일이다. 임대업을 주목적으로 법인을 세웠지만 임대업뿐만 아니라 다양한 사업을 종목에 포함하는 것이 유리하다. 종목에 다양한 사업을 넣는 이유는 지출했을 때 법인 비용 처리 부분에서 유리하기 때문이다.

사업 목적을 임대업뿐만 아니라 매매업, 컨설팅, 건축, 인테리어, 엔터테이먼트, 제조업, 무역업 등으로 다양하게 넣어도 상관없다. 하지만 자격증이나 허가증이 필요한 것은 넣으면 안 된다. 예를 들어 중개업, 변호사업 등이다. 인터넷 검색창에 검색해보면 다양한 업종을 찾아볼 수 있으니 참고하길 바란다. 법인 설립을 모두 마쳤다면 이제 건물을 매입하자. 매입할 건물이 결정되었다면 계약서에 매수자 명의를 개인이 아닌 법인으로 계약하면 된다. 법인 설립은 건물 매입 전후 언제 하든 상관은 없다. 대부분 건물을 매입한 후에 법인 설립을 하는 경우가 많은데, 이럴 경우 계약서 특약사항에 '매수인은 법인으로 명의 변경을 할 수 있다'를 반드시 표기해야 법인으로 명의 변경을 할 수 있다. 특약사항에 작성이 안 되었다면 매도인한테

▶ 법인 계약 및 잔금 시 필요 서류

계약 시 매도인이 법인일 경우	계약 시 매수인이 법인일 경우	잔금 시 매도인이 법인일 경우	잔금 시 매수인이 법인일 경우
대표이사 신분증 법인사업자등록증 도장(막도장 및 서명 가능) 임대차계약서 사본	대표이사 신분증 법인사업자등록증 도장(막도장 및 서명 가능) 계약금 10%	대표이사 신분증 법인인감도장 법인인감증명서(매도용) 사업자등록증 사본 등기권리증 부동산 매매계약서	대표이사 신분증 법인 인감도장 사업자등록증사본 부동산 매매계약서 잔금

사정을 얘기하면 바꾸어주는 경우도 있지만 고집 있는 매도인을 만나면 안 바꿔주는 경우가 있으니 법인으로 결정이 되었든 안 되었든 특약사항에 적어놓고 나서 결정해도 늦지 않다. 개인적으로는 건물 매입 전에 미리 법인을 설립하기를 권한다. 왜냐하면 법인을 설립해놓아야지 빨리 건물을 찾으려고 적극적으로 임하게 되기 때문이다. 누누이 말하지만 하루라도 빨리 건물 사는 것이 유리하다. 건물을 매입하고 법인을 설립했다면 법인으로 대출을 신청하고 잔금을 치르면 된다.

상권,
이렇게 접근하자

상권이 뭐길래

먹자골목 상권이 투자하기 좋은 곳이라는 것은 누구나 알고 있다. 또한 주거 밀집 지역보다는 상가 및 사무실이 모여 있는 곳이 유리하다는 것도 다 알 것이다. 저렴한 매물이 나왔는데 먹자골목 상권이 아니고 동네 상권이라면 안정적인지를 파악해봐야 한다. 지하철역 주변으로 사람들의 발길이 닿는 곳에 위치하면 기본적으로 안정적인 투자가 될 수 있고 기존 상권이 유지될 만한 상권인지 혹시 다른 곳으로 옮겨 갈 수 있는 것은 아닌지도 살펴봐야 한다.

좋은 상권의 필수 요소

일단 상권이 좋아도 지하철이 있는지부터 확인해야 한다. 지하철역이 없으면 그곳은 반짝하다 사라질 수 있다. 그 사례로 경리단길, 해방촌길, 삼청동길을 예로 들 수 있다. 젊은 사람들은 주로 대중교통을 이용하기 때문에 우선 대중교통이 편리해야 한다. 또한 여러 사람이 모일 때도 대중교통을 고려해 장소를 잡으므로 지하철역은 좋은 상권의 필수 요소다. 지하철역에서 먼 곳은 수요가 한정적이라 임대료가 올라가게 되고, 임차인은 임대료를 보충하기 위해 재료값을 아끼고, 이는 곧 품질의 저하로 이어져 손님들의 발길을 돌리게 하는 악순환이 반복되기 쉽다.

지하철역이 있는 상권은 안정적이다

지하철역이 있는 상권은 기본적으로 지역 주민들이 주로 그 상권을 이용하기 때문에 안정적이다. 그 주변으로는 맛집들이 들어설 가능성도 높고 맛집들이 늘어나면 먹자골목 상권이 형성될 가능성도 높다. 또한 지하철역 인근으로 개발이 먼저 시작되기 때문에 인프라가 형성되어 상권이 좋아질 가능성이 매우 높다. 또 상권이 다른 곳으로 옮겨 갔더라도 다시 돌아올 가능성이 높다. 압구정 로데오길을 예로 들어보자. 압구정 로데오길은 압구정역에 바로 붙어 있다. 한때는 임대료가 높고 가로수길이 뜨다 보니 상권이 이동하였다. 시간이 지나 임대료 거품이 빠지고 기존의 가격 수준으로 돌아가 원래의 기능을 되찾게 되어 깊은 늪에서 빠져나왔다.

좋은 상권이라면 공실도 기회다

코로나19로 인해 많은 자영업자가 피해를 보면서 공실이 많이 늘어났다. 한국부동산원 통계를 보면 2020년 4분기에 강남의 중대형 상가 공실률은 5.2%였고, 2021년 8.7%로 뛰었다. 전체적으로 임대료도 10~20% 정도 낮춘 상황이 됐고, 기존 임대료도 깎아주어서 수익률도 떨어졌다. 하지만 코로나19가 사라지면 다시 원래의 모습을 되찾을 것이다.

공실이 있는 건물들은 수익률이 낮아졌기에 대체로 저평가되어서 나온다. 또한 매도인이 공실을 방치한 채 있다가 대출 이자 내기가 버거워 신경 쓰이니 매각하려고 하는 경우도 있다. 이러한 건물들은 매도인이 팔아달라고 적극 요청하는 경우가 많은데, 시세보다 저렴하게 살 수 있는 기회가 생긴다. 자동차가 찌그러져도 수리하면 돈 들어가고 귀찮으니 불편하지 않은 한 그냥 그 상태로 사용하는 것처럼 건물도 이런 매도인들이 많이 있다. 그리고 공실 나는 건물들은 이유가 있다. 청결하지 않은 화장실, 복도나 계단 등 건물 관리가 안 되어 있거나 창틀이 오래되었거나 물이 새거나 임대료가 많이 비싼 경우다. 하지만 조금만 신경 쓰면 해결할 수 있는 문제다. 이러한 건물을 매입하여 살짝만 손보면 임대료도 제값으로 받을 수 있고 공실도 채울 수 있다. 만일 임대료도 빵빵하게 잘 나오고 업종도 우수하고 수익률도 높으면 누가 싸게 팔려고 하겠나? 공실은 금액만 맞고 관리만 잘 되어 있으면 언제라도 채울 수 있으니 현재 공실 나 있는 건물들을 기회로 생각하자.

빌딩 대출의
모든 것

대출은 빌딩 투자의 핵심이다

빌딩을 매입한 사람들의 90% 이상은 대출을 안고 매입을 한다. 대출이 빌딩 투자의 가장 핵심이라고 할 수 있다. 그러나 정확한 정보를 알지 못해 무턱대고 계약을 했다가 대출이 시행되지 않아 계약금을 날리는 사례가 종종 있다.

대출은 레버리지를 이용해 적은 금액으로 이익률을 높일 수 있는 좋은 기회다. 또한 빌딩 투자에서 없으면 안 되는 아주 중요한 상품이다. 철저하게 알아보고 대출을 활용하는 것만이 빌딩 투자에 성공하는 지름길이자 핵심이다.

빌딩 매입할 때 대출은 어느 정도 나오나?

보통 매매 금액에서 감정가가 80% 나오고 감정가에서 대출금액이 80% 수준으로 나온다. 예를 들어 매매 금액이 10억 원이면 감정가가 8억 원이 나오고 대출금액은 6억 4천만 원이 나오는 게 보편적 수준이다. 여기에 개인 신용도가 높다면 신용대출을 포함하여 7억 원까지 높일 수 있다. 그다음은 임대보증금이 있으면 임대보증금을 차감하고 상가주택 건물에 방이 있으면 방 한 개당 5천만 원씩 차감한다. 평균적으로 신용대출까지 포함하여 매매 금액의 70% 수준으로 생각하면 된다. 단 이때는 중요한 조건이 있다. 70%의 수준이 가능하도록 RTI가 충족되어야 한다.

RTI를 충족시키려면?

RTI란 'Rent To Interest ratio'의 약자로 '임대업 이자상환비율'이라고도 한다. 임대사업자가 건물을 구입하면서 대출을 받아 이자를 납부할 때 임대수익이 대출금액의 1.5배가 되어야 대출이 가능하다. 예를 들어 내야 하는 이자가 1년에 1천만 원일 경우, 임대료가 연 1,500만 원이 나와야 이자에 대한 대출이 가능한 것이다. 임대수익이 높은 빌딩일 경우 크게 차이는 없겠지만 강남 등 투자 가치가 높은 지역일 경우에는 연 수익률이 낮아 대출 한도도 낮게 나와 은행 담당자와 잘 상의해서 받아야 한다.

감정가란?

대출받을 때는 건물의 매매가격이 아니라 감정가를 기준으로 한다고 했다. 감정가는 은행에서 빌딩 대출을 해줄 때 기준으로 삼는 건물 가액이다. 은행은 이 감정가를 기준으로 대출금액을 책정한다. 감정가에는 탁상 감정과 실제 감정이 있는데 탁상 감정은 간단하게 현장에 가보지 않고 책상에 앉아서 감정평가를 한다는 뜻이다. 빌딩을 계약하기 전에 대출을 알아볼 때 은행에서 사용하는 게 탁상 감정가(탁감)다.

이후 계약서를 쓰고 나서 계약서를 갖고 은행에 제출하면 이때 감정평가사가 직접 현장에 나와 감정을 하는데 이때 나오는 감정가가 실제 감정가(실감)이다. 대개 탁상 감정가와 실제 감정가는 큰 차이가 없지만 은행마다 다를 수 있고 감정평가사마다 차이가 있을 수 있으니 두세 곳의 은행과 비교해서 이자와 대출금액을 최대한 본인이 원하는 조건으로 충족시켜주는 곳으로 이용하면 된다.

매매가와 탁상 감정가가 비슷한 경우

탁상 감정은 주변 지역의 매매 사례를 통하여 감정한다. 즉, 매매하고 있는 매물이 인근 매물의 팔린 시세보다 저렴하게 나와서 매매 금액과 비슷하게 나오는 경우가 바로 탁감과 매매가가 비슷하게 나오는 경우다.

탁감이 높으면 대출이 많이 나오는 게 통상적이다. 그래서 탁감이 높게 나오는 건물은 시세보다 저렴하게 나온 것임을 알 수 있고 대출 또한 많이 나와 좋은 건물이라고 할 수 있다.

법인과 개인 대출의 차이점

빌딩을 매입하면서 대출을 받는 경우라면 임대 목적으로 매입하게 되는데 개인으로 대출받는 방법과 법인으로 대출받는 방법이 있다. 개인 대출의 경우는 RTI 기준을 충족해야 한다. 개인 사업자의 경우 개인의 신용도와 개인의 은행 거래 실적에 의하여 신용등급이 정해지고 금리에 영향을 미치게 된다. 법인의 경우는 법인의 업력과 매출, 영업이익, 당기순이익 등의 재무제표와 현금흐름이 중요하다. 이에 따라 법인의 신용등급이 정해지고 금리에 영향을 미치게 된다.

매출이 많고 설립한 지 오래된 높은 신용등급의 법인 같은 경우는 대출 면에서 개인보다 조금 더 유리할 수 있다. 그렇지 않은 법인이라면 개인과 비슷하다. 개인은 신용이 매우 높거나 전문직 종사자 또는 소득 많은 개인사업자도 대출받는 데 높은 점수를 받을 수 있으니 대출받기 전에 개인과 법인 둘 중 어떤 게 나은지 둘 다 넣어보고 유리한 조건으로 결정하는 것이 좋다.

법인은 RTI 적용을 안 받는 게 통상적이지만 은행에 따라 다르므로 직접 확인하는 게 가장 안전하다.

신용대출

빌딩 대출에는 담보대출과 신용대출이 있고, 순수 토지나 건축물에 관한 대출을 담보대출이라고 한다. 신용대출은 법인 또는 개인의 신용으로 대출받는 것인데, 신용도가 높을수록 더 높게 받을 수 있다. 담보대출은 이자만 갚아 나가면 되지만, 신용대출을 포함하게 되면 신용대출받은 금액의 10%를 10년간 원금과 같이 상환해야 한다. 예를 들어 매매금액 10억 원에 감정가가 8억 원인 건물을 매입할 때 대출금 6억 4천만 원과 신용대출 6천만 원을 받아 7억 원을 대출받았다면, 담보대출 6억 4천만 원은 매달 이자만 상환하면 되지만 6천만 원에 해당하는 신용대출은 금리를 적용한 이자도 상환해야 한다. 예를 들어 금리가 3%라면 월 이자 15만 원과 원금 6천만 원을 10년 동안 매월 함께 상환해야 한다.

소득이 없는 무직자도 대출이 가능할까?

대출은 건물 담보대출로 받기 때문에 소득이 있든 없든 신용도가 낮든 높든 상관없이 받을 수 있다. 단, 담보대출 이상으로 받기 위해서는 신용대출을 껴야 하는데 이때는 신용도가 좋아야 추가로 받을 수 있다.

대출 기간

대출은 신청 후 빠르면 일주일 정도면 나오지만 최소 2주 정도는 여유를 갖고 확인하는 게 안전하다. 대출 신청을 하게 되면 매매 잔금 당일 날 대출이 실행된다. 이때 은행 담당자가 나오는 경우도 있고 전화로 대출을 실행하는 경우도 있는데 대체로 후자다.

대출의 절차와 준비 서류

빌딩 매입을 결정했다면 다음과 같은 과정을 거치게 된다.

건물 탐색 → 건물 결정 → 대출 의뢰 → 대출금액 확인 → 계약 진행 → 계약서 등 각종 서류 준비 후 은행 방문 → 감정평가사 현장 방문 → 실제 대출금액 산출 → 자필 서명 → 잔금과 동시에 대출 실행

대출에 필요한 준비 서류는 다음과 같다.

매매계약서, 임대차계약서, 인감증명서 2통, 주민등록등본 2통, 초본 1통, 인감도장, 통장, 신분증, 임대사업자등록증, 국세 및 지방세 완납 증명서, 은행에서 요구한 소득증빙자료

빌딩 투자
성공 사례

사업과 투자 두 마리 토끼를 다 잡다

동대문에서 유명 쇼핑몰을 운영하는 30대 초반의 A 고객은 2017년에 강남에 사옥을 38억 원에 매입하면서 회사를 이전했다. 그로부터 3년 후 연락이 왔는데 본인이 운영하는 사업이 원가는 높아지고 경쟁업체의 진입으로 판매 가격은 떨어지고 인건비는 오르고 하여 예전만 하지는 않았는데 3년 동안 빌딩 가격이 올라(현재 가치 55억 원 수준) 현재 본인이 하고 있는 사업보다 그 차익이 더 많다고 하면서 건물을 하나 더 구입하겠다는 것이었다.

또 다른 B 고객은 직원이 40명 정도 되는 C 회사를 운영하고 있는데 강남역 이면에 연면적 240평, 4층 규모의 건물을 통으로 임차하고 있었다. B 고객은 여기서 사용하는 임대료로 연간 3억 원 정도를 지출했다. 사옥 건물을 이전하기 위해 건물을 알아보던 중에 역삼역 인근에 360평 규모의 건물을 매매가 42억 원에 리모델링 공사비 5억 원을 들여 총 47억 원을 주고 매입하였고 시설 자금으로 38억 5,400만 원을 대출받았다. 매입 금액의 82%를 대출로 충당했다. 이 중 자기 자본은 8억 4,600만 원이다(취득세, 중개수수료 별도). 대출이자는 연간 1억 3천만 원 수준이다. B 고객은 그동안 연간 임대료로 3억 원을 지출했지만 사옥으로 이전하면서 연간 1억 7천만 원을 줄일 수 있었다. 거기에 1층 카페를 월 450만 원에 임대를 주었기 때문에 그만큼 더 고정비용을 줄일 수가 있었다.

기존 건물은 부대시설이 부족했는데 새로 매입한 사옥 건물은 1층 카페를 상담실로도 이용하면서도 지하에는 강의실과 유튜브 촬영실을 마련하고 옥상에는 정원을 만들어 직원들 휴게실 및 캠핑 파티장으로 활용해 직원 복지 차원에서도 이득이 컸다. 직원들의 만족도가 높아졌고 소속감도 더 생겼다. 또한 같은 회사 직원들만 이용할 수 있다는 점도 사옥만의 장점이다. 옆 사무실에 다른 업체가 입주해 있을 경우 마주칠 때마다 신경도 쓰이고 주차 문제나 화장실 옥상에서 휴식을 취할 때도 불편할 수 있기 때문이다.

현재 C 회사 사옥의 가치는 5년이 지난 현재 80억 원 정도로 평가된다. 취득세까지 포함하여 50억 원 정도가 들었다면 5년 동안 30억 원의 차익을 얻은 것이다. 5년간 대략 9억 원의 지출 비용을 줄이고, 시세차익으로는 30억 원을 얻으면서 두 마리 토끼를 잡은 것이다. 거기에 직원들의 만족도와 효율성을 따진다면 두 마리가 아니라 서너 마리의 토끼를 잡은 것이나 마찬가지인 셈이다.

용도변경만으로 15억 원의 시세차익을!

D 씨는 숭실대 입구역 바로 인근에 있는 불법 원룸 건물을 2020년도에 35억 원 주고 매입하였다. 매입하고 나서 원룸을 모두 내보내고 내부공사를 하고 용도변경까지 마쳤다. 상부층과 지하는 공유오피스가 들어왔고 1층은 카페로 임대를 다 맞춰놓고 얼마 있다 50억 원에 재매각하였다. 누구나 꺼리는 불법 원룸을 발상의 전환을 통하여 단기간에 많은 이익으로 창출해낸 것이다. 예전만 해도 원룸 건물은 월세가 많이 나와서 인기가 좋았다. 하지만 이제는 월세만 좋았지 시세차익 면에서는 재미가 없어졌다. 원룸 건물은 대출이 전혀 안 나오고 각종 세금을 중과세로 받기 때문이다. 그런데 입지 좋은 곳에 이런 원룸 건물들이 많이 있다.

신림동만 하더라도 신림역 초역세권 내에 원룸으로 구성된 건물들이 약 80여 개 정도가 모여 있다. 이런 건물은 단지 월세만 받아 먹기 좋은 것이지 투자가치에는 메리트가 없어 시장에 나오더라도 잘 팔리지가 않는다. 잘 안 팔리다 보니 시세보다 저렴하게 내놓게 되는데 이 점을 이용해 매입하여 발상의 전환을 통해 근생으로 탈바꿈하여 건물의 가치를 높일 수 있다. 이렇게 하기 위한 첫째 조건은 좋은 입지다. 역세권이나 상권이 형성 되어 있는 곳은 용도변경만으로도 단기간에 마진 높은 시세차익을 바라볼 수 있다. 주택가처럼 입지가 안 좋은 곳은 용도변경을 해도 무의미하다. 동네 상권 정도만이라도 형성되어 있는 곳이라면 용도변경을 통해 건물 가치를 높일 수 있으니 이 점 참고하기 바란다.

4장

빌딩의 가치를 높이는
운영 및 관리 노하우

빌딩의 가치를 결정하는
10가지 요인

　　건물의 가치는 입지가 가장 중요하게 작용하지만 같은 입지라도 다음 구성에 따라서 가치가 많이 달라질 수 있다. 이번 글은 무엇 때문에 빌딩의 가치가 달라지는지 살펴보겠다.

어떤 매장이 들어와 있느냐가 가치를 결정한다

　　임차인이 어떤 임차인이냐에 따라 건물의 가치는 달라진다. 같은 건물이라도 주택이 있으면 가치가 떨어지고 병원이나 브랜드 매장 등이 있으면 가치는 월등히 올라갈 수 있다. 이런 업종은 임대가 안정적이고 브랜드 매장 같은 경우는 이미 전문가가 이 지역을 알아보고 입점하였기에 상권이 안정적이라고 할 수 있다.

　　예를 들어 본 건물 인근으로 스타벅스가 있다면 그 주변 상권은 대체로 활기를 띠고 있다. 고객 중에도 스타벅스 옆 건물만 찾는 고객이 있고, 병원 옆 건물만 찾는 고객이 있다. 스세권이라는 말이 괜히 생긴 것이 아니다. 이런 우수한 업종이 옆에 있다면 안전한 투자처가 될 수 있기 때문이다.

임대료와 빌딩의 가치

빌딩의 임대료는 그 빌딩의 가치와 직결된다. 임대료가 높을수록 이익도 커지기 때문이다. 그렇다고 임대료가 높다고 무조건 가치가 높아지는 것은 아니다. 우선 수도권 내의 지역에 위치한 건물이어야 한다. 즉 입지가 좋은 곳에 위치할수록 더 높은 평가를 받지만 다음의 경우는 임대료가 높더라도 가치가 평가절하되는 경우이니 알아두자.

지방에 있는 건물의 경우에는 임대료가 아무리 높아도 입지가 안 좋으면 가치가 없다. 또한 임대료가 높다고 하더라도 임차인이 한 사람으로 된 통임차인이거나 무슨 용도로 사용하는지 불분명한 임차인들은 색안경을 끼고 바라볼 수밖에 없다.

예를 들어 사무실이라고 소개했는데 비어 있다거나 간판도 없이 문이 굳게 잠겨 있어 무슨 업종인지 불명확한 경우다. 그리고 불법 성매매 업소, 불법 성인 오락실, 안마시술소, 룸살롱으로 사용하는 곳은 임대료가 높아도 가치가 평가절하될 수밖에 없다.

한 번은 지하에 보드카페방이 입점해 있었는데 간판은 없고 갈 때마다 문은 굳게 잠겨 있었다. 알고 보니 도박장으로 운영하는 무늬만 보드카페방이었다. 고객 중에 이런 업종에 굉장히 민감한 분이 있었는데, 매매가가 괜찮은데도 불구하고 불법 업종 한 개 때문에 계약을 포기한 사례도 있다. 그리고 사무실보다는 다양한 상가(카페, 학원, 피트니스 센터, 당구장, 노래방, 병원 등) 위주의 임차인이면 빌딩의 가치를 평가할 때 훨씬 유리하다.

교통의 접근성

수도권은 자차가 없어도 지하철만으로 어디든지 다닐 수 있다. 우리나라 대중교통은 전 세계 톱일 정도로 매우 편리하게 발달되어 있다. 그러기에 빌딩은 대중교통의 접근성에 따라 크게 좌우된다. 지하철역이 멀면 지역 개발의 확장 가능성이 낮고 상권이 대체로 약하다. 지하철이 가까우면 가까울수록 가치가 높아지는 건 누구나 다 아는 사실이다. 역세권의 기준은 역에서 5분 거리로 볼 수 있다. 지하철에서 5분 거리에 있느냐 없느냐에 따라 좋은 입지를 선택할 수 있다.

그렇지만 모든 건물이 지하철 5분 거리에 있지는 않다. 그렇지 않은 경우에는 어떻게 해야 할까? 개발 호재가 있다든지 상권이 잘 발달된 항아리 상권(상권이 흩어지지 않고 항아리 바닥이 볼록한 모양처럼 배후 세대 가운데 자리한 상권) 같은 입지를 선택해서 건물을 매입하면 된다. 일례로 고척동 46번지 일대는 현재 지하철역에서 도보로 20분 거리 이상으로 아주 멀지만 항아리 상권으로 유동 인구가 풍부하고 5분 거리(고척동파출소 사거리)에 신구로선이 10년 후에 들어온다. 비역세권인데도 불구하고 시세보다 평당 1천만 원 이상 호가에 매각이 되었다. 상권이 발달되어 있고 개발 호재까지 겹쳐 있어 높은 평가를 받을 수 있었다.

유동 인구와 임대의 관계성

유동 인구가 많다는 건 빌딩 임대 놓기가 좋다는 것이다. 이런 곳은 당연히 가치가 상승할 수밖에 없다. 유동 인구를 파악하기 위해서는 주거 상권 지역은 출퇴근 시간에 가보는 것이 좋고, 강남과 여의도 같은 업무 지역이면 점심과 저녁 시간에 가보는 것이 좋다. 먹자골목 상권이면 점심과 저녁 시간에 가봐야 하고, 유흥가가 많은 곳은 저녁 시간에 가보는 것이 좋다. 그리고 강남과 여의도 같은 업무 지역은 주 5일 상권으로 평일에 가봐야 유동 인구를 확인할 수 있다.

토지에 따른 희소성

건물의 가치는 희소성에 의해서도 움직인다. 건물을 갖고 싶은 사람은 많지만, 아무나 가질 수 없는 탓이다. 토지 공급은 제한적이라 빌딩을 아무리 늘리고 싶어도 정해진 만큼만 지을 수밖에 없다. 특히 우리나라는 국토 면적이 좁아 희소성이 더욱 높다. 서울과 수도권 내 건물 중에서 역세권 또는 상권이 발달한 곳은 정해져 있다. 즉 투자할 수 있는 곳이 정해져 있다는 것이다. 정해진 곳에서 수많은 고객이 건물을 보고 있으니 경쟁이 치열해지면서 가격이 올라가는 것이다.

고객들은 좋은 건물이 나오면 하루라도 빨리 사고 싶어 하지만 물건이 없어서 못 산다고 한다. 맞다. 목 좋은 곳은 잘 나오지도 않을뿐더러 건물주들이 굳이 팔 이유도 없다. 고객들이 건물 투자에 입문하고 나서 평균 2년 동안 건물을 못 사는 이유 중 하나도 물건이 없어서다.

인플레이션의 영향

인플레이션은 화폐가치가 하락하여 물가가 지속적으로 상승하는 경제 현상이다. 화폐가치가 떨어지니 실물자산들이 올라가고 있다. 금이나 부동산, 주식 등이 대표적인 예다.

〈e대한경제〉(5월 소비자물가 2.6% 급등… 커지는 인플레 경고음. 2021. 6. 2.)에 따르면 인플레이션으로 최근 농축수산물은 12.1%, 석유류는 23.3%, 공업제품은 3.1% 올랐다. 그런가 하면 〈서울경제〉("부동산은 연일 폭등… '일하면 뭐하나' 한탄", 2021. 9. 13.)는 인플레이션은 매달 월급받아 생활하는 서민들한테는 구매력이 떨어져 악재이고 부동산 폭등으로 근로 의욕을 저하시키는 요인이 되기도 한다고 지적하기도 했다. 그러나 인플레이션은 반대로 부자에겐 기회가 될 수 있다. 물가가 뛰면 화폐가치는 떨어지기 때문에 부동산 같은 실물자산 투자에 몰리게 된다. 게다가 부자들은 이런 타이밍을 놓치지 않는다.

현금의 유동성

유동성은 기업의 자산을 필요한 시기에 손실 없이 현금화로 바꿀 수 있는 것을 말한다. 코로나19로 인해 정부가 기업의 부실을 막기 위해 사상 최대치의 돈을 풀었다. 돈은 많이 풀렸는데 돈이 갈 데가 없다 보니 유동성으로 인해 실물자산의 가치가 올라간다.

〈조선일보〉(주요 12국만 14조 달러, 더 풀린 돈이 부른 묻지마 랠리. 2021. 1. 22.)에 따르면 이런 식으로 각 국가가 찍어내는 돈은 자산 시장으로 쏠려 2020년부터 시작된 자산 가격 상승세는 2021년에도 계속 진행되었다. 시중에 쏟아진 돈은 코로나 팬데믹으로 위축된 고용과 생산을 늘리는 데 투자되어야 했지만 코로나19가 장기화하면서 소비·실물투자 심리가 위축되자 돈이 실물경제가 아닌 자산 시장으로 쏠렸다고 기사는 보도했다. 〈아시아경제〉(코로나 시장충격 1년…시중에 풀린 돈, GDP 1.6배 '역대최대'. 2021. 3. 16.)는 2020년 시중에 풀린 돈이 3,000조로 국내총생산(GDP)의 1.6배에 달했다고 밝혔다.

대출금리

앞서 말했듯 빌딩 매수자 10명 중 9명은 대출을 끼고 산다. 빌딩과 대출 관계는 떼려야 뗄 수 없는 사이다. 대출금리가 떨어지면 너도 나도 대출을 받아 빌딩을 매입하고 대출금리가 올라가면 거래가 주춤해진다. 대출금리에 따라 빌딩 가치는 큰 영향을 받는다고 할 수 있다. 2021년 11월 기준, 금리가 다소 오르기는 했지만 수도권 내 빌딩 가격은 내려가지 않았다. 단지 주춤하거나 완만하게 올라갈 뿐이다. 10년 전에도 4%대의 금리였지만 빌딩 가격은 내려가지 않았다.

〈한겨레〉(2분기 가계빚 1800조 돌파…'역대 최대' 41조 증가. 2021. 8. 24.)는 가계빚 증가의 한 축에는 주택 거래 수요가 이어지는 가운데 공모주 청약 등 '빚내서 투자'하는 열풍이 꺾이지 않은 데 원인이 있다고 썼다. 이 기사에서 우리는 빌딩 투자 열풍의 한 단면도 얼마든지 추측해볼 수 있다.

입지의 중요성

빌딩에서 가장 중요한 것 하나만 뽑으라고 하면 나는 무엇보다 입지를 선택하겠다. 건물이 오래되어도, 수익률이 낮아도, 업종 구성이 안 좋아도, 경기가 어려워도, 대출금리가 올라가더라도 우수한 입지라면 어떠한 불황도 견뎌낼 수 있다. 입지 좋은 곳은 일단 공실이 안 나는 데다가 누구나 선호하는 곳이기 때문이다.

입지의 기본은 지하철역이다. 지하철역이 10분 거리에 들어오느냐 아니냐에 따라 차이가 많이 난다. 또한 입지는 유동적이기에 현재 지하철이 없거나 상권이 없더라도 향후 건물 인근으로 재개발을 한다든지 지하철역이 들어온다든지 하면 상권이 좋아지면서 우수한 입지로 변모할 수 있다. 이런 곳은 저평가되어 있기 때문에 싸게 살 수 있으며 개발이 확정될 시 많은 시세차익을 거둘 수 있다.

개발 호재

만일 건물 주변에 지하철역이 들어오면 그 지하철역 중심으로 아파트, 병원, 회사, 음식점, 마트 등 다양한 업종이 들어올 확률이 높다. 그러면 자연스레 유동 인구가 유입되고 지역이 활성화되기 때문에 개발에 따른 많은 기대감이 생긴다. 대체로 개발 호재로 인한 지가상승은 개발계획 공표가 날 때 한 번, 공사할 때 한 번, 완공 직전에 한 번, 완공 후 활성화되면서 한 번으로 가격상승이 총 네 번 되는데, 한번 개발계획이 공표되면 최소 3년에서 10년 정도가 소요된다. 주식의 경우 1년 전에 선반영해서 주식이 올라가지만, 부동산은 5년 전에 선반영해서 올라가기 때문에 공표가 나면 그때부터 가격이 오르기 시작한다. 월세가 없고 건물이 허름해도 또한 아직 주변에 아무것도 없어도 땅값은 올라가기 때문에 개발 호재 하나만으로도 가격이 상승한다.

투자한 빌딩의 가치를
올리는 5가지 방법

　전 재산을 털어 빌딩을 매입했다면 이제 내 건물의 가치를 올리는 방법을 찾아야 한다. 빌딩은 샀을 때부터 오르기 시작하는 실물자산이다. 그러나 샀을 때의 조건 그대로 가지고 있는 것보다 내 자산의 가치를 두 배에서 세 배로 더 올릴 수 있는 방법이 있다면 당연히 실행해야 할 것이다. 내가 투자한 빌딩의 가치를 올리는 5가지 방법을 소개하겠다.

리모델링으로 신축 빌딩 효과를 내라

　건물 준공년도가 오래되어 건물 노후도가 심하면 좋은 입지라도 저평가를 받을 수밖에 없다. 일단 노후도가 심한 곳은 임대료가 낮고 업종이 안 좋기 때문이다. 이런 빌딩은 리모델링을 통하여 임대료를 높이고 우수 업종을 입점시켜 가치를 상승시킬 수 있다. 리모델링은 신축급으로 동일한 효과를 볼 수 있다.

> 올해 건축 주요 자재인 철근과 레미콘, 시멘트의 가격이 모두 올랐다.
> 수요 증가에 수입 난항으로 자재비 고가 현상이 장기화될 것으로 예
> 상돼 결국 공사비와 아파트 분양가까지 연쇄적으로 오를 수 있다는
> 우려가 나온다.
> — 〈이뉴스투데이〉, 철근·레미콘·시멘트 가격 다 올랐다…"집값 상승 부채질",
> 2021. 9. 5.

하지만 리모델링은 신축의 3분의 1 수준으로도 신축급 정도의 건물을 완성할 수 있다. 게다가 리모델링은 빌딩 전체를 할 필요도 없다. 부분적으로만 해주어도 큰 효과를 볼 수 있다. 가장 대표적인 장소가 화장실이다. 어차피 내부는 임차인들이 본인 상황에 맞춰 인테리어를 해야 한다지만 건물 복도에 자리한 공용 화장실까지 수리해서 들어오는 임차인은 없다. 화장실은 그 건물의 얼굴이라 할 수 있다. 화장실만 깨끗하고 깔끔하게 리모델링해주어도 임차인 맞추는 것은 어렵지 않다.

임대를 재구성하라

건물 연면적은 넓은데 임대료가 현저히 떨어지는 경우가 있다. 이런 경우는 대부분이 장기 임차인이다. 물가는 올랐는데 임대료

는 안 올리다 보니 임대료가 저렴해져 임차인도 나가지 않고 그대로 눌러앉는다. 하다못해 임차인이 오래 있었다고 임대료를 오히려 깎아주는 경우도 많이 있다. 임차인하고 오랫동안 관계를 형성하다 보니 나가라고 하기도 어렵다.

당연히 이런 건물은 수익률이 낮을 수밖에 없고 시장에 저평가되어서 나온다. 이런 건물은 임차인만 바꿔주어도 제값에 임대료를 맞출 수 있다. 그럼 자연스럽게 건물 가치도 상승한다.

인기 업종을 유치하라

입지는 우수한데 업종이 입지에 비하여 안 좋은 경우가 있다. 지하철역 앞인데 1층에 커피숍이나 화장품 로드숍 같은 업종이 아니라 철물점이 있다든지, 상부층에는 미용실, 음식점, PC방 등이 들어올 수 있는 자리인데 사무실이 있다든지 하는 경우는 대부분 임대인이 공실이 되는 게 싫어 하루빨리 임차인을 맞추기 위하여 아무 업종을 들인 경우다. 또한 예전에는 상권이 없었는데 지하철이 들어왔거나 어느새 맛집 거리로 변모하면서 입지는 좋아졌는데 그전 임차인은 그대로 있다 보니 업종이 그대로인 경우다.

인기 업종을 임차하기 위해서는 첫째, 인내가 필요하다. 동대문구 답십리 대로변에 건물을 가지고 있는 A 고객은 우수한 업종을 맞추기 위해 1층을 1년간 비워두었다가 편의점으로 맞추었다. 옆 건물에 있던 편의점이 재건축을 하면서 본 건물로 옮겨온 것이다.

둘째, 좋은 조건을 제시하여 원하는 업종을 맞추어놓고 차츰 임대료를 올려받는다. 시간과 자본을 가지고 투자한다면 추후에는 그 이상의 가치를 볼 수 있다. 1층에 브랜드 업종이 들어오면 건축 전체가 살고, 상부층까지 좋은 업종으로 맞춘다면 건물의 가치는 배가 될 것이다.

빌딩을 깔끔하게 유지하라

깔끔한 빌딩에 깔끔한 임차인도, 깔끔한 손님도 방문한다. 청소와 수리만 제때 잘해도 빌딩의 가치를 높일 수 있다. 특히 오래된 건물이 관리가 안된 경우가 많은데 이때는 더욱 청소 부분에 신경을 써야 한다. 복도에 짐을 놓지 못하게 애초부터 금지시켜야 하고 청소 아주머니를 고용하여 일주일에 최소 두 번 정도는 빌딩 구석구석을 청소해야 한다. 청소와 더불어 전구라든지 스위치 등 오래 쓰면 소모되는 것들도 세심하게 관리할 필요가 있다. 깨진 전등이 그대로 방치되거나 스위치 덮개가 떨어진 채로 있는 것 등을 절대로 방치하지 말고 그때그때 수선하고 보수해야 한다. 사소해 보이는 것들이 빌딩의 가치를 결정한다는 사실을 명심하자.

용적률 높은 건물

2003년 이전에는 건폐율과 용적률이 정해지기 전이라 현행 용적률보다 많이 받을 수 있었다. 만일 해당 건물이 2종 일반주거지역(200%)인데 용적률이 250%라면 3종 일반주거지역(250%)만큼의 가치를 볼 수 있는데, 허용 용적률보다 연면적이 넓기에 2종 일반주거지역의 땅값으로 3종 일반주거지역 수준의 높은 수익률을 기대할 수 있다. 이런 건물은 같은 용도지역에 있는 다른 건물보다 부동산 가치도 더 높게 인정받는다. 그래서 용적률이 높은 건물들은 신축하게 하면 용적률이 줄어드는 효과로 보이기 때문에 신축 시 오히려 손해인 셈이다. 하지만 리모델링만으로도 신축 그 이상의 가치를 만들어낼 수 있다.

효과적인 관리와
운영 시스템

매입 후도 중요하다

빌딩 매입 후에 관리에 신경 쓰지 않는다면 임차인은 계약을 재연장하지 않을 것이다. 또한 잦은 공실로 인해 기존 임대료보다 더 떨어질 수도 있다. 임대료가 떨어지면 동시에 건물의 가치는 저평가받을 수밖에 없다. 빌딩의 가치를 높이려면 관리를 잘 해야 하는데 빌딩 관리는 빌딩 청소와 임차인 운영만 잘 한다면 관리하는 데크게 문제되지 않는다. 건물 관리는 청소, 주차, 내외관 관리, 임대관리만 신경 쓰면 된다.

건물 청소

건물 청소는 보통 일주일에 두세 번 정도 하면 된다. 계단, 복도, 화장실, 주차장, 입구 등이 대상이다. 청소를 외주업체에 맡기면 비용이 비싸고 건물 인근에 있는 다른 건물을 청소하는 아주머니한테 맡기는 방법이 가장 저렴하다. 청소 아주머니 구하는 방법은 주변 건물에 들어가서 물어보거나 아니면 전봇대에 구인광고를 내는 방법이 있다. 청소 비용은 꼬마빌딩 같은 경우 주 2회 청소일 시 20만 원, 주 3회 청소일 시 30만 원 정도다.

주차장 관리법

새로운 장소를 방문할 때 주차부터 확인하는 경우가 많다. 그만큼 주차난이 심각해지는 탓인데, 빌딩의 경우도 주차 문제로 임차인들끼리 싸우는 일이 잦다. 방문자뿐 아니라 임차인들에게도 주차 구역을 정해주어 애초에 문제가 없게 해야 한다. 임차인들의 애로 사항들을 듣고 개선하면 임차인들의 만족도가 높아지고 오랫동안 머무를 수 있을 것이다.

먹자골목 상권은 방문객 위주로 있기 때문에 주차장이 없어도 되지만 그 외 지역은 상부층에 사무실이 들어오기 때문에 주차장이 있으면 임대료를 제값 그대로 받을 수 있다. 주차장이 있으면 좋겠지만 대부분 주차장이 부족한 경우가 많은데 이럴 때는 건물 앞에 거주자우선주차장을 확보해놓으면 좋다. 기존 매도자가 확보되어 있다면 양도 양수를 받으면 되고 만일 없다면 구청에 신청해서 받아야 한다.

빈자리가 있다면 바로 주차장을 확보할 수 있지만 없다면 신청해놓고 6개월이든 1년이든 기다렸다가 확보를 해놔야 한다.

주차장은 임차인별로 주차 구역을 지정해주는 것이 가장 편리하고 구역을 지정할 수 없다면 건물 출입구에 층별로 주차장 넘버를 표기하여 어디 차인지 표시판으로 알려주는 것이 서로 문제없이 관리할 수 있는 방법이다. 거듭 강조하지만, 임차인들의 애로사항들을 언제든지 듣고 곧바로 개선하면 임차인들의 만족도가 높아지고 오랫동안 내 건물에 머무를 수 있을 것이다.

부분 리모델링

외벽 청소는 1년에 한 번 정도 해주면 좋다. 외관이 깔끔한 건물은 대개 이 주기를 지키는 건물이라고 보면 된다. 꼬마빌딩 기준으로 50만~70만 원 정도 비용이 들어간다. 노후화된 건물은 건물 외벽 청소까지 할 필요 없고, 화장실을 리모델링하거나 창문틀을 바꿔주는 것이 좋다. 요즘에는 화장실이 더러우면 임대료가 아무리 싸도 임대 맞추기가 쉽지 않다. 화장실 수리만으로도 임대료를 20만~30만 원 더 받을 수 있다. 그리고 창문이 오래되었다면 인테리어를 아무리 해도 분위기를 제대로 살릴 수 없기 때문에 창문만 바꾸어주어도 인테리어에 맞춰 전체 분위기를 살릴 수 있고 임차인 맞추는 것에서도 매우 유리하다. 옥상에 방수가 안 되었다면 방수 처리를 미리 해놓는 것이 좋다. 물이 새면 임차인 피해보상뿐 아니라 임차인이 있어 물 새는 것을 잡기에 어려움이 있기 때문이다. 방수액이 벗겨질 수 있기 때문에 A/S가 잘되는 곳으로 선정해야 한다. 비용은 400만~500만 원 선이다.

임대 관리

여유가 있다면 공실인 채로 기다렸다가 임대료를 조금이라도 더 받는 것이 좋다. 한번 임대료를 낮게 내놓으면 그 임대료를 수년간 유지해야 하기 때문에 건물의 가치를 저평가받을 수 있다. 물론 연 5%의 임대료를 인상해서 받을 수 있어 적당한 금액으로 낮게 내놓는다면 괜찮겠지만 하루빨리 임대료를 맞추기 위해 시세보다 터무니없는 금액을 깎아주어서 맞추지 않아야 한다.

임차인의 만기 날짜가 도래하면 만기 3개월 전에 나갈 것인지 계속 사용할 것인지 확인해야 한다. 임차인이 나간다면 2개월 전부터 여기저기 부동산에 내놓고 나가기 전에 임대를 맞춰놓는 것이 좋고, 안 나간다면 연 5%의 임대료 인상을 통보하여 임차인에게 충분히 생각할 시간을 주고 재계약을 하면 된다.

건물 관리업체

건물 관리는 생각보다 일이 많고 건물에 문제가 발생하면 스트레스로 인해 매각하는 사례도 있다. 밤늦게 하수구가 막혔다고 연락이 오거나 엘리베이터에 갇혀 있다고 연락 오는 등 연락을 수시로 받게 되면 스트레스가 이만저만이 아니다. 은퇴하여 시간이 많다면 상관없지만 직업이 따로 있다면 건물 관리 전문 업체에 맡기는 것이 지혜로운 방법이다. 꼬마빌딩의 경우 한 달에 50만 원 정도 주면 임대, 관리, 세금계산서 발행까지 모든 것을 다 해주니 맡기는 것을 추천한다. 건물 관리업체 구하는 방법은 네이버 검색창에 건물 관리를 검색하면 되고 세 곳을 선정하여 비용과 일 처리하는 방법 등에 관한 설명을 들은 뒤 본인에게 가장 적합한 곳을 선택하면 된다. 관리업체 선정 기준은 회사의 연혁, 허가받은 인증업체, 기업의 자본금 등이 중요한 게 아니다. 관리업체가 어떻게 내 건물을 잘 관리해줄지에 대한 관리 운영 방식이 중요하다. 만약 약정한 내용대로 관리하지 않거나 관리 운영 방식이 마음에 들지 않는다면 정당하게 컴플레인을 걸거나 그래도 개선이 안 될 경우엔 바로 관리업체를 바꾸어야 한다.

이를 원활히 하기 위해서는 사전 관리업체와 계약서를 작성할 때 '언제든지 계약을 파기할 수 있다', '계약이 종료될 때 기존 관리업체는 새로운 관리업체에 인수인계 작업을 확실하게 해주어야 한다' 같은 내용을 명시한다. 관리업체는 규모보다 담당자의 역량이 중요하다. 관리업체에서는 담당자를 지정해주는데 얼마나 꼼꼼하게 신경 쓰고 있는지를 봐야 한다. 관리를 잘하는 곳은 카톡방을 개설해놓고 어떻게 관리했는지를 그때그때 알려주고 관리 과정 등을 사진과 함께 수시로 공유해주므로 실시간으로 내 건물의 관리 상태를 알 수 있는 곳을 선정해서 맡기는 것이 좋다.

임차인 명도 쉽게 하는 방법

명도는 임차인을 내보내는 것을 말한다. 요즘 임차인 보호법이 강화되어서 사실 임차인 내보내기가 쉽지가 않다. 명도는 합의로 하는 것이 가장 합리적인 방법이고 합의가 안 될 시 명도소송으로 가야 한다. 그렇다면 명도 합의하는 방법부터 명도소송까지 어떻게 해야 좋을까?

명도는 매도인이 하게 하라

명도는 매도인이 하는 방법과 매수인이 하는 방법 그리고 중개 업자가 하는 방법, 명도 전문 업체가 하는 방법 등 4가지가 있다. 이 중에서 가장 좋은 방법은 바로 매도인이 명도를 하게 하는 방법이다. 제3자가 개입하게 되면 임차인은 일단 거부감이 들 것이다. 갑자기 쌩판 모르는 사람이 와서 보상해줄 테니 나가달라고 하면

콧방귀를 끼고 오히려 더 큰 보상금 요구를 해올 수도 있다.

매도인은 임차인과 어느 정도는 신뢰 관계가 형성되어 있기 때문에 매도인의 사정을 얘기하면서 이사 비용을 준다고 요청하게 되면 쉽게 거절하지는 못한다. 매도인이 명도를 요청하게 될 때 한 가지 주의할 점이 있다. 절대 임차인들한테 팔렸다는 말을 하면 안 된다는 것이다. 팔렸다는 말을 듣는 순간 요구하는 보상 금액은 더욱 커질 수 있다.

그렇다면 어떻게 해야 하나? 내 자녀가 들어와야 한다거나 또는 부모님이 들어오시기로 했다거나 하면서 내 사정을 충분히 말하고 보상까지 해주겠다고 하는 것이다. 주택이 아닌 근생 건물이면 내가 직접 리모델링 또는 신축을 하려고 한다고 말하는 것이 좋다. 임차인들은 주인에게 사정이 생겼고 보상금까지 해준다고 하였기에 쉽게 거절하지 못한다. 나는 이렇게 해서 지금까지 실패해본 적이 없다. 돈 앞에 장사 없다. 보상금을 해주면 선택권이 많이 있기 때문에 거절할 이유가 없는 것이다. 단지 보상금을 많이 해주냐 적게 해주냐가 관건이다. 내가 말한 방법들을 택하면 보상금이 최소 2분의 1로 줄어들 것이다.

매도인이 명도를 해준다고 하면 가장 좋지만 매도인이 명도를 안 해준다고 했을 때는 매도인한테 명도 비용은 내가 부담할 테니 위와 같은 방법을 활용해서 명도 요청을 해달라고 하면 된다. 매도인도 매각하기 위해서는 명도를 해주어야 수월하니 어지간하면 명도를 해준다. 그런데 만일 임차인이 무리한 요구를 하면서 안 나가고 버틴다면 명도소송을 해야 한다. 임차인이 안 나가 특단의 방법을 취하는 경우도 있다. 예를 들어 다른 임차인들은 다 나갔는데 한두 집이 안 나가고 버티고 있다면 다른 집의 문짝을 다 떼어내고 '철거'라고 건물 곳곳마다 빨간색으로 낙서를 해놓는 것이다. 그럼 임차인은 폐가인 건물에 사는 것처럼 느껴져서 무서워서 오래 못 버티고 나올 수밖에 없는 것이다.

명도소송 절차

명도소송의 절차는 크게 3가지로 나뉜다.

첫 번째는 내용증명을 발송한다. 내용증명으로 계약해지하겠다는 의사를 분명히 밝히고 이어서 부동산을 인도해달라고 요청해야 한다. 두 번째는 명도소송과 동시에 점유이전금지가처분 신청을 하는 것이다. 다른 이에게 이전하는 것을 미리 사전에 막기 위해 진행하는 것이다. 세 번째는 강제집행이다. 이때부터는 강제집행할 수 있고 법원 집달관을 통해 부동산을 돌려받을 수 있다.

내용증명을 보내고 강제집행까지의 기간은 빠르면 4개월, 늦으면 8개월까지 걸린다. 명도소송까지 하게 되면 많은 시간을 할애해야 한다. 그 안에 드는 기회비용이나 이자비용 등을 생각한다면 적당한 금액을 주고 명도시키는 것이 합리적인 방법이다.

지피지기 백전백승

잠원동에 신축할 수 있는 저렴한 건물이 나왔는데 명도가 문제였다. 그 건물 가구 수는 12가구였는데 한 집 빼고 다 임차가 맞춰져 있었다. 한 집도 내보내기 어려운 판국에 12가구라 처음에는 쉽지 않겠다고 생각했다. 그런데 한 가지 사실을 알게 되었다. 매도인은 해당 연도까지 팔아야 장기보유특별공제 혜택을 많이 받을 수 있어 빨리 팔고 싶어 한다는 것이었다. 그래서 매도인은 임차인들에게 명도 요청을 해주겠다고 하였지만 결과에 대한 책임까지는 져줄 수 없다고 하였다. 대신 임차인들을 명도할 수 있게 최대한 협조를 해주겠다고 하였다.

임대 기간을 보니 12가구 중 한 가구가 주인 세대였고 1가구는 공실이었으며 나머지 10가구를 명도해야 하는데 마침 잔금 전에 4가구가 만기 날짜여서 6가구만 해결하면 되는 상황이었다. 주인을 보니 연세가 많았고 성격은 점잖으시고 좋은 분들이라고 느껴졌다. 임차인들은 대부분 20대였는데 주인이 할아버지, 할머니와 손자손녀뻘로 생각하였을 것이고 상호 신뢰 관계가 형성되었을 것이라는 판단이 들었다. 그래서 나는 명도는 문제없을 거라고 판단하였고 매수자에게 내가 명도를 일부 책임질 테니 매입을 하자고 권하였다. 만일 명도 비용이 3천만 원이 넘어가면 나머지 명도 비용은 내가 책임지겠다고 했다. 그래서 나는 매도인한테 명도 진행을 어떻게 해야 하는지 차근차근 말씀드렸고 매도인도 수긍하여 명도를 다 해주셨다. 명도하면서 임차인의 요구 사항들에 대해 서로 의견을 맞춰가면서 수시로 소통하였고, 결국 만기 도래한 4가구는 비용 없이 내보낼 수 있었고 나머지 6가구는 한 집당 200만~300만 원까지 주고 내보낼 수 있었다. 이렇게 해서 명도는 3개월 만에 11가구 다해서 총 1,650만 원에 정리되었다.

여기서 포인트는 제3자가 일체 개입하지 않아야 하고 얼마가 들든 간에 매도인한테 믿고 맡겨야 한다는 것이다. 그리고 임차인들에게는 해당 건물이 팔렸다는 얘기가 들어가면 안 된다. 매도인과 제3자가 했을 때의 비용 차이는 이렇다.

▶ **매도인이 했을 때 명도 비용**

	원룸	투룸	쓰리룸
월세	200만~500만 원	300만~700만 원	300만~1천만 원
전세	500만~1천만 원	700만~2천만 원	2천만~4천만 원

▶ **제3자가 했을 때의 명도 비용**

	원룸	투룸	쓰리룸
월세	300만~600만 원	500만~1천만 원	500만~2천만 원
전세	500만 원~1천만 원	1천만~3천만 원	3천만~6천만 원

비용에서도 제3자가 했을 때보다 매도인이 했을 때가 비용이 적게 들어가며 매도인이 했을 때가 더 깔끔하게 명도를 할 수 있다. 상가와 사무실은 평수, 권리금, 인테리어 비용에 따라 다르기에 얼마라고 특정하기가 어렵다.

밀린 임대료를 해결하는 방법

대출이자를 내야 하는데 임차인이 임대료가 밀려서 대출이자를 못 낸다면 곤란한 상황에 처할 수 있다. 임대차보호법에는 임차인을 경제적 약자인으로 간주하여 임차인을 보호하고 있다. 상가 임대차 보호법에는 월세가 3개월 이상 연체되면 계약을 해지할 수 있다고 명시되어 있다.

일단은 3일 정도 월세가 밀리면 "안녕하세요. 임대료 입금을 깜빡 잊으시고 아직 안 하신 것 같아 문자 드립니다~"라고 문자를 보내고 답변을 기다린다. 3일밖에 월세가 안 밀렸는데 문자를 보내는 이유는 이렇게 해야 임차인이 신경 써서 제때 월세를 보내기 때문이다. 월세 밀리는 게 대부분 깜빡해서 안 보내는 건데, 임차인에게 월세 내는 습관을 들게 해야 한다.

그런데 만일 답변이 안 온다면 그때 전화해서 입금해달라고 정중하게 부탁한다. 그럼 어떠한 사정이 있다고 기다려달라든지 며칠 있다가 보내주겠다고 답변을 할 것이다. 그럼 며칠만 기다려보고 제 날짜에 입금이 안 되면 전화를 한 번 더 하고 또 한 번 기다려본다. 최대 2개월까지는 기다려본다.

2개월이 지나서도 입금이 안 된다면 이제는 더 이상 전화하지 말고(전화하면 백이면 백 다 언제까지 입금하겠다고 한다) 바로 내용증명을 보내고 임대료를 언제까지 입금 안 하면 계약해지하겠다는 통지로 경고해야 한다. 며칠 더 기다려보고 입금이 안 되고 아무런 답변이 없다면 다시 한번 내용증명을 보내고 언제까지 입금이 안 되면 몇

월 몇 일 법적인 조치를 취하겠다고 최종적으로 보낸다. 두 차례 내용증명을 보내면 대략 3개월이 된다. 내 경험상 이 정도가 되면 임대료를 1개월치라도 내거나 완납되어 정리된다. 그래도 3개월째 되는 날까지 입금이 안 되면 3개월째 되는 날부터 명도소송을 해야 한다.

명도소송은 약 3~4개월 정도 소요되는데 내용증명부터 명도소송까지 대체로 7~8개월이면 정리가 된다. 보증금 1년치가 있기 때문에 8개월 동안 월세 내고 소송비용 내면 손해 없이 정리할 수 있다. 반대로 임차인의 개인 사정을 다 들어주다가 1~2개월을 더 기다리게 되면 내가 손해를 볼 수 있다. 그래서 2개월이 지나면 내용증명을 보내고 3개월이 되면 무조건 명도소송을 한다는 원칙을 세워야 한다. 절대로 월세 밀렸다고 해서 임차인하고 감정으로 대처하면 안 된다.

임대차보호법은 임차인을 보호하기 위해 만들어진 법이기에 자칫하다가 임차인한테 이것을 빌미로 소송에서 불리하게 작용할 수 있어서 상당 시간 소송이 지연될 수 있다. 절차대로 하면 큰 문제 없다. 그리고 내용증명은 본인이 직접 할 수 있지만 명도소송은 법무사를 통해 하면 된다. 소송할 때는 반드시 점유이전금지가처분 신청을 동시에 해야 한다. 점유이전금지가처분은 임차인이 다른 임차인한테 넘기는 것을 방지하는 내용이다. 이처럼 복잡한 절차와 빠른 명도를 하기 위해서는 법무사를 통하여 하는 것이 좋다.

부동산 시장에서 제값 받는 방법

건물 값은 시장이 정한다

건물은 중개업자의 판단에 따라 가격을 받는 물건이 아니다. 대개의 상품이 그렇겠지만, 부동산, 특히 빌딩 시장이야말로 시장에서 판단을 받아야 제값을 받을 수 있다. 이번 글은 빌딩을 매수할 사람 또는 건물을 매각해서 갈아탈 잠재적 매수자에게 매도자 입장에서 빌딩 시장을 어떻게 바라보고 있는지를 풀어놓겠다. 어쩌면 매수자와 중개업자는 이 글을 보면 싫어할지도 모른다. 하지만 나는 빌딩 시장이 좀 더 투명해졌으면 하는 바람이다.

빌딩은 폐쇄적인 부분이 많다. 대부분의 매도자는 조용히 팔고 싶어 하고 특히 중개업자들은 소문 안 나게 조용히 중개하려고 한다. 그래야 다른 곳에 안 빼앗기기 때문이다. 그래서 빌딩 매매 광고들을 보면 주소를 표기 안 하고 두루뭉술하게 광고하는 경우를 많이 보았을 것이다. 나는 수년 전부터 블로그에 한 달에 50~60개씩 자료를 올리고 있는데 투명한 시장을 위해 번지수까지 표기해서 자료를 올려놓고 있다. 지금부터 부동산 제값 받는 방법을 살펴보자.

팔릴 때까지 기다려라

우선 물건을 내놓을 때는 실거래가 정보 플랫폼인 밸류맵이나 디스코 사이트를 통해 주변 팔린 매물의 금액을 체크한 다음에 주변 팔린 금액보다 조금 더 높게 내놓아라. 너무 높게 내놓으면 비싸다는 인식이 있기 때문에 시간이 오래 걸릴 수 있다. 시간이 오래 걸려도 괜찮다면 그렇게 내놓으면 더 좋겠지만 사정상 조금 빨리 팔아야 한다면 대지 평당 500만~1천만 원 정도로 조금 높게 올려놓아라. 그리고 팔릴 때까지 기다리면 된다.

당장은 안 팔릴 수 있더라도 시간이 지나면 부동산 가격은 올라가기 때문에 언젠가는 내가 원했던 금액에 팔리게 되어 있다. 뭐든 급하면 손해다. 심리학에서도 시간이 급한 사람이 가장 불리하다고 한다.

소문날수록 건물의 가격은 올라간다

만일 내 건물을 30억 원에 팔려고 한다면, 일단 동네방네에 다 내놓아야 한다. 중개업소 여기저기에 내놨는데도 불구하고 전화 한 통 없으면 이 건물은 아직 30억 원이 안 되는 건물이다. 이럴 때는 금액을 깎아서 내놓지 말고 1년이든 2년이든 30억 원에 팔릴 때까지 기다려야 한다. 시간이 지나 땅값이 올라 30억 원이 되면, 그때 가서 30억 원에 팔면 된다.

이제는 반대의 상황이다. 중개업소 대여섯 군데에 30억 원에 내놨는데, 내놓자마자 계약하자고 전화가 빗발치고 있다.

"사모님, 오늘 계약하시죠!"

"사장님, 저희 손님이 관심 있어 하는데 금액 네고 좀 가능할까요?"

이런 식으로 중개업소 사방에서 연락이 오는 경우다. 만일 이런 상황이면 이 건물은 30억 원 이상인 건물이다. 이럴 때는 잠시 보류해놓았다가 금액을 올려서 다시 내놓으면 된다. 하지만 대체로 매도인은 물건을 내놓을 때 조용히 매각하기를 원한다. 동네방네 물건이 풀리면 반대로 가치가 떨어져 제값 못 받는다고 생각하는 경향이 있기 때문이다. 물론 정보가 부족했던 시절에는 눈먼 자들이 많이 있었다. 정보가 없다 보니 중개업자 말만 믿고 턱 하니 사고, 뭣도 모른 채 파는 그런 시대였다. 그런데 지금은 어떤가? 내가 손가락 몇 번 클릭만 하면 10분 만에 옆 건물이 얼마에 팔렸고 얼마에 나왔었는지 누구나 다 알 수 있다. 연세 있는 건물주들이 아직 예전의 사고방식에 갇혀 있다 보니 이런 습성이 남아 있는 거 같다. 그렇게 생각하는 이유 중에는 중개업자들의 입김도 작용한다.

"여기저기 내놓으면 물건 가치가 떨어지니 다른 곳에는 내놓지 마세요. 조용히 팔아야 제값 받을 수 있습니다."

그들은 이렇게 말하고는 물건을 싸게 잡기 위해 금액을 낮추기도 한다. 그러고는 덧붙인다.

"지금은 손님이 없어 이 이상 금액으로는 팔기 어렵습니다."

그런데 이 말은 사실이 아니다. 이것은 중개업자들이 본인만 가지고 있으려고 하는 말이다. 만일 20억 원짜리 A 건물을 시장에 풀었는데 너도나도 A 건물을 사겠다고 하면 이게 20억 원일까? 아마 22억 원에 내놔도 바로 팔릴 것이다. 그런데 조용히 매각하면 20억 원에 팔아야 한다. 왜냐하면 매수자가 이 사람밖에 없다고 생각하기 때문이다. 내 물건을 여기저기 뿌

려놓아야 적당한 매수자가 걸릴 수 있다. 시장의 원리 중 하나는 수요가 많아야 가격이 올라간다는 사실이다. 경쟁자가 많을수록 물건의 가치는 더 높아진다는 것을 명심하라. 내 건물을 시장에 풀었는데도 살 사람이 없으면 기다리고 살 사람이 많다면 가격을 올려라.

체면을 택할까, 수억 원을 택할까?

동네방네 내놓으면 임차인들에게 파는 사실이 알려질까 봐 겁내는 분들이 있다. 대체로 체면을 중요시하는 사람들이 여기에 속한다. 혹시라도 임차인들이 알게 되면 미안하기도 하고 임대료 안 낼까 봐 불안한 생각을 한다. 여기저기 내놓아서 제값 받아야 하는데 임차인의 눈치 때문에 소문나는 걸 두려워한다. 하지만 제대로 시장에 못 내놓는 것은 그 체면에 비해(임차인 눈치, 미안함) 너무나도 큰 손해다.

하지만 여기저기 내놓다 보면 단점도 있다. 이 사람 저 사람이 전화 오고 밤낮으로 집으로 찾아오고 우편 보내고 좀 귀찮아진다. 하지만 좀 귀찮더라도 1억~2억 원 더 받을 수 있다면 이 정도쯤이야라고 감안해야 하지 않나? 그래도 여러 군데 내놓는 것이 영 귀찮다면, 일 좀 잘하고 신뢰 가는 부동산에 전속 매각을 맡기는 방법도 있다.

5장

3천만 원으로
빌딩주 되기

빌딩도
공동투자한다고요?

빌딩 공동투자란 무엇인가?

빌딩 공동투자란 여러 사람이 돈을 모아 빌딩에 투자하는 것이다. 빌딩은 금액이 높기 때문에 적은 금액으로는 아예 접근조차 할 수 없다. 누구나 꿈꾸지만 아무나 될 수 없는 게 빌딩주다. 빌딩주가 되어 편안한 노후생활을 꿈꾸지만 현실은 동떨어진 얘기처럼 들린다. 현재 투자 열풍을 일으키고 있는 주식이나 과거 아파트 갭투자 등은 소액으로도 투자할 수 있어 많은 사람에게 관심의 대상이었다. 그러나 빌딩은 부자들만의 리그로 생각되어 관심조차 두지 않는다. 경매에서도 공동입찰 형식으로 적게는 3~4명, 많게는 100여 명씩 공동투자로 경매 물건을 취득하고 있다. 하지만 이제는 누구나 마음만 먹으면 공동투자를 활용하여 빌딩 투자를 할 수 있다. 나 또한 공동투자로 매입한 건물들의 가격이 많이 올라 적은 금액으로 레버리지 효과를 톡톡히 보고 있다. 대출로도 레버리지를 일으킬 수 있지만 공동투자로도 가능한 것이다. 나는 공동투자로 매년 1~2개의 빌딩을 매입하는 게 목표다. 지금 같은 추세라면 10년 후에 100억 원대 자산가가 되어 있을 거라 확신한다.

공동투자의 유형

공동투자는 대표 1인이 투자자들에게 위임을 받아 혼자 등기하는 방법, 공동투자자들이 지분 비율로 함께 등기하는 방법, 공동투자자들이 법인을 세워 등기하는 방법이 있다. 각 유형을 보고 공동투자자들의 상황에 맞게 선택하여 투자하면 된다.

대표 1인으로 등기하는 방법

여러 사람이 돈을 모아 한 사람에게 위임해 대표 1인의 명의로 등기하고 나머지 투자자들은 자신의 지분에 대해 공증을 받는 방식이다. 하지만 이 경우 위임받은 대표 1인이 임의로 부동산을 처분해도 막을 수 없기에 위험성이 따른다. 따라서 나머지 투자자들은 안전장치를 걸어놓아야 하는데 이럴 때는 해당 부동산에 근저당을 설정하면 대표 1인이 임의대로 처분할 수 없게 된다.

공동명의로 등기하는 방법

각 투자자들의 투자금액 비율에 따라 지분별로 등기하는 방식이다. 가장 보편적인 방법이며 개인 한 사람이 임의로 처분할 수 없기에 가장 안전한 방법이다. 하지만 이 경우 서로 의견이 맞지 않는다면 함께 처분하지 못한다는 문제점이 있다.

법인을 세워 하는 방법

법인을 세워 매입하는 방식이다. 최근 가장 많이 사용하는 방식이며 법인에 함께 공동 대표 감사, 이사 등 임원으로 들어가 부동산을 공동투자하는 방법이다. 매각할 때도 이사회 회의록 등 주주 동의가 필요하기 때문에 대표가 임의로 처분할 수는 없다.

공동투자 & 동업자 견해

우리 사회는 아직까지 공동투자나 동업을 한다고 하면 부정적인 인식이 많이 박혀 있다. 사업이 잘되면 그나마 괜찮은데 사업이 안 되면 어제의 동지가 오늘의 적이 되는 경우를 심심찮게 볼 수 있다. 하지만 공동투자와 동업은 잘만 활용한다면 시너지 효과를 낼 수 있다. 애플, 구글, 마이크로소프트, 메타(구 페이스북), 에어비앤비 등 세계적인 기업들도 동업에서 시작됐다.

우선 동업하기 위해서는 상대 파트너를 충분히 알아본 다음에 과연 나하고 잘 맞을지 신중하게 판단해봐야 한다. 동업에서 가장 중요한 것은 신뢰가 밑바탕이 되어 있는 것이다. 만약 회사가 어려워졌을 때 상호 신뢰가 있으면 고군분투하여 다시 일으켜 세울 수 있지만 신뢰가 없으면 잦은 분쟁이 발생하여 사업을 더욱 어렵게 할 수 있기 때문이다. 동업자와의 분쟁이 생기는 일은 여러 가지가 있겠지만 보통은 동업자 중 한 명이 요령을 피우거나 게을러서 일을 안 하는 경우에 잦은 분쟁이 생긴다. 동업자가 게으르면 혼자 일하는 격이 되고 그렇다고 나까지 게을러지면 사업이 어려워져 그럴 수도 없는 노릇이 된다. 매일같이 스트레스에 못 이겨 네 탓 내 탓 하면서 원망만 하다가 결국 내가 나가거나 상대방을 쫓아내거나 하면서 소송까지 이어지는 경우가 생긴다.

하지만 그 사업을 선택한 것도 나였고 그 동업자를 선택한 것도 나였다. 내 선택에 책임을 져야 한다. 결국 동업자가 게으르면 인내를 갖고 기다리면서 달래가면서 해야 한다. 이제와서 어쩔 수 없다. 사람은 누구나 장단점이 있다. 못하는 게 있으면 잘하는 것도 분명 있다. 처음에는 분명 상대방에게 괜찮은 점이 있었었기 때문에 같이 하려고 했을 것이다. 동업이 망하는 이유 중 또 다른 하나는 어느 한 명의 욕심으로부터 시작된다. 그래서 내가 먼저 욕심을 버릴 수 있는 준비가 되어 있는지 무슨 일이 있어도 내 탓으로 생각하고 어떤 일이든 내가 책임질 수 있는지를 스스로에게 물어보고 시작하길 바란다. 내가 욕심을 버리고 조금 손해 본다고 생각하면서 가야 오래 갈 수 있다.

동업과 공투의 공통점

나는 동업을 굉장히 좋아한다. 여러 개의 사업을 시도 해볼 수 있기 때문이다. 현재 동업으로 4개의 사업을 하고 있고, 사업 모두 이익을 낳는 중이며 점점 발전하고 있다. 앞으로도 괜찮은 아이템이 있으면 마음에 맞는 동업자를 구해 또 다른 사업을 할 것이다.

동업의 장점은 하나의 사업만 하는 게 아니라 여러 개의 사업을 동시에 운영할 수 있다는 점이다. 내가 시간이 없을 때는 다른 동업자가 그 빈 자리를 채워줄 수 있기 때문에 오히려 시간적인 면에서 자유롭다(회사가 알아서 돌아갈 수 있는 시스템을 만들어야 가능함). 또한 내가 가진 장점과 동업자의 장점이 더해져 시너지 효과를 낼 수 있다. 내가 부족한 부분은 동업자가 채워줄 수도 있다.

혼자 사업하다 망하면 충격이 커서 다시 회복하는 데 오래 걸리지만 동업은 망하더라도 손실을 최소화할 수 있어 회복하는 시간이 빠르다. 동업은 이익을 나누어 갖긴 하지만 다른 사업을 통해 충당할 수 있고 혼자 하는 것보다는 조금 더 쉽게 사업에 접근할 수가 있다. 그러다 보니 다양한 경험을 쌓을 수 있어 역량이 레벨업 된다. 자신감이 생기는 것이다.

내가 생각하는 최고의 장점은 사업에 대한 접근성이다. 혼자 하면 시간과 비용 부담이 많이 되지만 동업은 한결 자유로워 보다 적은 비용과 시간으로 접근할 수가 있다. 망해도 이 정도 비용이면 좋은 경험했다 생각할 수 있어 부담이 적다. 공동투자를 꼭 부정적으로 볼 것만이 아니라 활용을 잘한다면 혼자 투자하는 것보다 그 이상의 성공적인 투자가 될 수 있다.

공동투자, 무엇이 좋고
무엇이 위험할까?

부동산의 공동투자, 알고 시작하자

공동투자는 잘 활용하면 단독으로 매입하는 것보다 더 큰 이득을 창출해낼 수 있다. 적은 금액으로 큰 건물 매입이 가능하고 소액으로도 빌딩 투자를 할 수 있다. 그리고 공동투자는 여러 사람의 의견을 종합하기에 건물을 객관적으로 볼 수 있어 좀 더 좋은 건물을 매입하는 데 유리하다. 하지만 건물은 위험 요소도 많이 있으니 덜컥 공동투자를 하기보단 장단점을 잘 따져본 후에 나에게 맞는지도 점검해보고 공동투자를 하는 것이 바람직하다. 그렇다면 공동투자의 장점과 단점은 무엇일까?

공동투자의 단점

마음대로 팔 수가 없다

공동투자의 가장 큰 단점은 마음대로 팔 수 없다는 것이다. 좋은 때는 참 좋은 인연이지만 작은 문제로 악연이 되는 경우도 많이 있다. 부부간에도 갈라지면 악연이 되고, 형제지간도 돈 문제로 인연을 끊는 경우도 있다. 심한 경우에는 대면도 하기 싫어 변호사를 통해 건물을 매각하는 경우도 있다.

단독 소유라면 내가 팔고 싶을 때 언제든지 팔 수 있지만 공동 소유라면 모든 사람의 뜻이 맞아야 매각할 수 있다. 만일 전세금을 올려달라거나 다른 목돈이 들어가는 일이 생긴다면 건물을 팔아서 충당해야 하는데 맘대로 그럴 수 없다. 그래서 장기투자로 생각하고 없어도 될 정도의 돈으로 투자하기를 바란다.

건물 관리가 자유롭지 못하다

건물은 임대 놓는 것부터 시작해서 임대료 측정, 건물 청소 등 운영을 해야 한다. 그런데 공동투자라면 의견을 모아서 건물 관리부터 임대까지 내 맘대로 할 수 없다. 임대료, 임대 업종, 청소 등 의견을 모아서 운영해야 한다. 관리 회사에 맡기더라도 임대료는 얼마에 하겠다고 정해줘야 한다. 건물의 용도변경을 한다거나 건물의 유형을 바꿔야 할 때도 전체 동의가 필요하다.

매입 시 오래 걸릴 수 있다

건물을 매입할 때 공동투자자 중 한 명이 어떠한 이유로 건물이 마음에 안 든다고 하면 매입이 늦어질 수밖에 없다. 건물은 다양성으로 인해 사람마다 취향이 다르기 때문에 모두가 마음에 드는 건물은 찾기가 힘들다.

지분이 경매로 넘어갈 수도 있다

공동투자자 중 한 사람의 지분에 압류가 들어와 경매로 넘어간다면 한 사람의 지분 소유권이 생판 모르는 사람으로 바뀔 수도 있다. 또한 투자자 한 사람이 건물 담보대출 이자를 갚지 못할 경우에는 다른 사람이 그 이자를 대신 내야 하는 상황도 생길 수 있다. 빌딩은 임대료가 나오기 때문에 이자를 충당할 수 있어 크게 문제가 없지만 이자가 임대료보다 더 많이 나오는 건물도 종종 있다.

공동투자의 장점

소액으로도 건물 투자가 가능하다

소액으로 매입할 수 있다. 공동투자의 가장 큰 장점이다. 혼자서는 살 수 없지만 여럿이서 돈을 모으면 투자를 할 수 있는 것이 공동투자의 가장 큰 매력이라 할 수 있다.

매년 건물을 사 모을 수 있다

1~2년 동안 목돈을 마련하여 공동투자를 활용한다면 1년에서 2년 내에 한 개씩 매입이 가능하다. 월급 200만 원을 2년간 저축하면 2년 동안 약 5천만 원의 돈이 쌓이게 된다. 1인당 5천만 원으로 4~7명을 모아서 10억 미만의 건물을 매입할 수 있다. 또한 돈을 모으는 목적이 분명해져 더욱 열심히 돈을 모으려고 할 것이다.

위험을 분산시킨다

혼자 건물을 사게 되면 큰돈이 들어가야 해서 두렵기도 하고 부담스러워 결정을 못하는 경우를 많이 볼 수 있다. 그런데 소액으로 여러 명이 공동투자를 하게 되면 부담이 한층 줄어든다. 금액도 혼자 하는 것보다 적게 들어가지만 문제가 생기더라도 의지할 수 있는 사람이 있어 마음이 좀 더 편안하다. 또한 여러 명이 건물을 매입하다 보니 건물을 보는 시각이 각각 다르기에 객관적인 시각에서 건물을 볼 수 있다. 내가 모르는 위험 요소를 발견할 수 있고, 주변 상권 분석이나 지역 개발 등의 정보를 더 빠르게 얻을 수도 있고 투자가치 분석에서도 더욱 현명하게 판단할 수 있다.

선택의 폭이 넓어진다

만일 현금 5억 원이 있다면 혼자서는 20억 원까지의 건물만 매입이 가능하겠지만 공동투자를 한다면 100억 원까지의 다양한 매물들을 접할 수 있다. 선택의 폭이 넓어지니 급매물을 찾을 확률도 높아진다. 예를 들어 5명이 90억 원 급매물을 매입하여 리모델링한 후에 1년도 안 되어 150억 원에 매각한 경우가 있었다. 이처럼 금액이 높아질수록 수요층이 적다 보니 급매물 찾을 확률이 높기에 적은 금액보다 좀 더 좋은 매물을 투자하는 데 있어 유리하다.

부린이도 쉽게 매입이 가능하다

빌딩 투자에 처음 입문하게 되면 부동산 공부도 해야 하고 발품도 많이 팔아야 하기에 결정까지 매우 오랜 시간이 걸린다. 하지만 공동투자는 정확한 지식과 경험이 부족해도 투자가 가능하다. 공동투자자 중 한두 사람은 전문가이거나 빌딩 투자에 어느 정도 공부가 된 사람이 있을 것이다. 그런 사람들의 경험과 노하우를 함께 공유하기에 부동산 지식을 빨리 습득할 수 있게 된다. 만일 경험 있는 사람이 없더라도 다양한 의견을 모아가기 때문에 빠르게 지식을 얻을 수 있다.

소액으로 높은 이익을 낼 수 있다

빌딩 금액이 높을수록 많은 시세차익을 얻을 수 있기 때문에 적은 금액으로 투자하여 높은 이익을 낼 수 있다.

세금을 절세할 수 있다

공동명의로 하게 되면 세금을 절세할 수 있는데 양도소득세, 종합소득세가 각각 분리과세가 되므로 세금을 절약할 수 있다.

공동투자
세금 총정리

    빌딩 매매에서 공동투자자는 많을수록 유리하다. 양도소득세 기본공제를 투자자별로 받을 수 있을 뿐 아니라, 양도소득세에 부과되는 누진세율이 낮아지는 효과도 볼 수 있기 때문이다. 항목별로 어떤 혜택이 있는지 살펴보자.

양도소득 기본공제

    양도소득세는 양도차익에 대한 세금으로 기본으로 250만 원으로 기본공제가 들어간다. 단독 소유라면 250만 원만 공제되지만 빌딩 명의가 공동이라면 각각 250만 원씩 공제된다. 2명이면 500만 원이고 10명이면 2,500만 원이 공제된다. 양도차익이 높으면 높을수록 과세표준 구간의 세율이 높아지지만 각각 공제가 되므로 양도차익이 줄어들어드는 효과가 있어 과세표준에서의 세율은 내려가기에 절세 효과를 볼 수 있는 것이다.

양도소득세

양도소득세는 각 사람의 소유자별로 계산하기 때문에 공동명의로 하면 양도소득세 부담을 줄일 수 있다. 필요 경비의 공제금액을 모두 빼고 3억 원이 남았다고 가정하면 이 경우 1억 5천만~3억 원 이하로 세율 38%, 누진공제액 1,940만 원으로 양도세는 9,460만 원이다(과세표준 3억 × 세율 38% − 누진공제액 1,940만 원 = 9,460만 원).

만일 2명이서 공동명의로 했을 시 과세표준 금액은 3억 원이 아니라 반반씩 나눠서 계산하면 되므로 1억 5천만 원이다. 과세표준이 3억 원일 때 세율은 38%이지만 1억 5천만 원일 때 세율은 35%로 낮아지고 누진공제액은 1,490만 원이므로 한 사람당 내야 하는 양도소득세는 3,760만 원이 된다(과세표준 1억 5천만 원 × 세율 35% − 누진 공제액 1,490만 원 = 3,760만 원). 두 사람을 합쳐보면 7,520만 원으로 단독 소유로 하였을 때 내야 하는 9,460만 원보다 1,940만 원을 절약하는 셈이 된다.

만약 위와 같은 상황에 10명이 공동투자를 했다면 어땠을까?

과세표준 금액은 3억 원이 아니라 1인당 3천만 원이 되므로, 세율은 15%이며 누진공제액은 108만 원으로 양도소득세는 342만 원이 된다. 10명의 양도소득세를 합쳐도 3,420만 원이 되는 셈이다(과세표준 3천만 원 × 세율 15% - 누진공제액 108만 원 = 342만 원) 합쳐보면 3,420만 원으로 단독 명의로 하였을 때 내야 하는 9,460만 원보다 6,040만 원을 절약하는 셈이 된다.

▶ **단독명의와 공동명의 양도소득세 비교**

구분	단독명의	공동명의	
		2인(1인당)	10인(인당)
과세표준	3억 원	1.5억 원	3,000만 원
세율	38%	35%	15%
누진공제액	1,940만 원	1,490만 원	108만 원
산출세액	9,490만 원	3,760만 원	342만 원
총 양도소득세	9,490만 원	7,520만 원	3,420만 원

▶ **양도소득세 과세표준**

과세표준	세율	누진공제
1,200만 원 이하	6%	
4,600만 원 이하	15%	108만 원
8,800만 원 이하	24%	522만 원
1.5억 원 이하	35%	1,490만 원
3억 원 이하	38%	1,940만 원
5억 원 이하	40%	2,540만 원
10억 원 이하	42%	3,540만 원
10억 원 초과	45%	6,540만 원

공동투자 성공을 위한
14가지 원칙

공동투자를 하기 위해서는 몇 가지 원칙이 있다. 이 원칙을 세우고 지켜나간다면 공동투자로 성공할 수 있을 것이다.

처음에는 적은 금액으로 투자하라

빌딩 투자를 하고 싶긴 하지만 경험이 없어 실행에 옮기지 못하는 경우가 많이 있다. 공동투자를 할 때는 처음부터 큰 금액으로 투자하기보다는 처음에는 작은 빌딩으로 시작해서 공동투자자와 손발도 맞춰보고 안목을 키우고 나서 좀 더 큰 건물을 매입하는 게 좋다.

그리고 적은 금액으로 투자해야 하는 이유 중 하나는 공동투자를 하다 보면 그중에 한 명이 안 판다고 할 수 있다. 만일 7명이 함께 투자했는데 한 명이 안 팔겠다고 하면 매각할 수 있는 방법이 없다. 그러면 돈이 묶여 있게 된다. 적은 금액이면 돈이 묶여 있어도 크게 상관없지만 수억 원씩 되는 큰 금액이 묶여 있으면 사용해야 할 때 쓰지 못할 수도 있다. 부동산은 묶여 있을수록 더 큰 돈을 벌어다 주기는 하지만 만일 내가 진짜 급한 상황이라면 빨리 팔아야 될 수도 있기 때문에 공동투자는 적은 금액으로 투자하는 것이 안전하다. 적은 금액으로 한두 번 정도 투자해보고 투자에 확신이 섰을 때 좀 더 큰 건물에 공동투자하는 것이 바람직하다.

계약금은 꼭 같이 넣어라

사업을 하고 있는 A 씨는 지인 3명과 함께 가끔씩 식사와 술자리를 가지면서 오랫동안 원만한 관계를 유지하였다. 어느 날 술자리에서 A 씨 주도하에 부동산 얘기가 나왔고 자연스레 공동투자하기로 의기투합하였다. 그 후 서울권으로 꼬마빌딩을 짬내서 보러 다녔고 그러던 중 상속으로 나온 강동구 암사동에 있는 건물을 23억 원에 매입하기로 하였다.

그런데 계약 당일 3명 중 한 명인 A 씨가 갑자기 사정이 생겨 돈을 며칠 후에 줄 테니 우선 계약금을 자기 대신 넣어달라는 것이었다. 어렵게 찾은 급매 건물의 계약 자리까지 잡아놨는데 안 할 수도 없는 상황이라 나머지 3명은 A 씨의 계약금을 대신 입금해주었다.

그런데 문제는 이때부터다. 며칠 후에 A 씨는 사정이 생겨 본인은 계약에서 빠지고 아는 지인 F 씨한테 명의를 넘기겠다는 것이었다. 한 명이 빠지면 돈이 모자라기에 3명이 할 수밖에 없는 노릇이었다. 결국 F 씨와 함께 계약을 하게 되었고 생판 모르는 사람과 한 배를 타게 되어 나머지 2명은 불안해하면서 이 건물을 유지해야 하는 상황을 맞게 되었다. 어쩌면 A 씨가 F 씨에게 '피'를 받고 본인 지분을 넘겼을지도 모르는 일이다. 따라서 공동투자에서는 반드시 계약금을 같이 넣어야 한다.

시작 전에 통장을 까라

공동투자를 할 때는 서로 통장 잔고가 얼마 있는지 확인하고 시작해야 한다. 처음에는 이런 방법이 겸연쩍을 수 있으나 서로가 서로를 잘 알고 시작하는 것은 서로가 서로에게 신뢰를 얻는 것이고 이것은 곧 성공적인 공동투자로 이어질 것이다.

처음에 공동투자하자고 할 때는 서로 의기투합하여 분위기에 휩쓸려 마치 100억 원짜리도 살 수 있는 것처럼 허세를 떠는 경우가 있는가 하면, 막상 계약 직전에 급한 사정이 생겼다며 빠진다고 하여 아예 무산되는 경우도 생긴다. 또한 계약은 치렀지만 공동투자자 중에 한 사람이 지금은 잔금 낼 돈이 없지만 돈을 어떻게 해서든 땡겨보겠다고 하거나 또는 곧 돈이 들어올 데가 있는데 그 돈이 들어오면 잔금을 치를 수 있다는 말만 믿고 있다가 정작 잔금을 못 치러 자칫하면 계약금을 날릴 수 있는 상황도 생길 수 있다.

부동산 투자에 오랜 경험이 있는 B 씨와 사업하다 만난 지인

3명은 마포구 망원동 일대의 30억 원 건물을 매입하기로 하였다. B 씨는 돈이 좀 있는 C 씨에게 공동투자하자고 제안했다. B 씨는 나름 부동산 전문가였고 C 씨는 하고 싶어도 겁이 나던 중에 공동투자의 제안은 너무나도 반가운 상황이었다. 그래서 C 씨는 B 씨 말만 믿고 망원동 건물을 계약 체결하였다.

계약 이후에 잔금 날짜가 도래하고 있는데 갑자기 B 씨가 다른 곳에서 들어올 돈이 안 들어와서 그러는데 돈이 들어오는 대로 줄 테니 C 씨에게 잔금을 빌려달라고 했다. 그래서 C 씨가 차용증을 받고 B 씨에게 돈을 빌려주고 잔금을 치렀다. 그러나 B 씨는 돈을 갚지 못하였고 결국 1년 후에 빌딩을 34억 원에 재매각하여 빌린 돈을 갚게 되었다. 빌딩을 더 갖고 있었다면 차익이 계속 발생하여 더 큰 이익이 발생했을 수도 있었을 테지만 B 씨가 돈을 안 주어서 돈을 회수하기 위해 빨리 팔 수밖에 없는 상황이었다. 그나마 시세 차익이 발생하여 이득을 보아서 분쟁 없이 잘 마무리되었지만 만일 이 건물이 안 팔리는 건물이었다면 분쟁으로 오랫동안 골칫덩어리 건물로 전락했을 것이다.

지분은 N분의 1씩 똑같이 넣어라

누구는 돈을 더 많이 넣어서 지분을 많이 넣고, 누구는 돈이 적어서 지분을 덜 넣고 하는 것보다 공동투자할 때는 N분의 1로 똑같은 지분으로 매입하는 것이 좋다. 지분 비율이 달라지면 임대료나 세금, 매각 차익, 리모델링 비용, 유지비용 등 발생하는 비용 및 이익이 달라져서 계산이 복잡해진다. 또한 지분만큼만 일하기 때문에 누구는 지분이 적으니 빌딩 운영에 신경을 덜 쓰고 누구는 지분이 많으니 신경을 더 많이 쓰게 된다면 불협화음이 생길 수 있다. 잦은 불협화음이 공동투자의 실패로 갈 수 있기 때문에 문제될 소지는 처음부터 안 만드는 것이 좋다. 그래서 공동투자는 동일선상에서 같은 비율로 투자하는 것이 바람직하다.

지인들, 특히 직장인과 팀을 구성하라

공동투자자들은 지인들로 구성하는 것이 안전하다. 지인들은 아무래도 이 사람 저 사람과 얽혀 있기 때문에 쉽게 관계를 끊을 수가 없다. 서로 뜻이 맞아야 매각 시점에서 깔끔하게 정리되지만 생판 모르는 사람과 투자하게 되면 상대방이 욕심낼 확률이 높고 매각이 자유로울 수가 없게 된다.

또한, 사업하는 지인보다는 직장인과 함께하는 것이 좋다. 공동투자의 단점 중 하나는 공동투자자 중 한 사람의 명의로 압류가 들어오면 매각 시 어려움을 겪을 수 있다는 점이다. 직장인이나 공무원이라면 도박을 하지 않는 이상 압류 만들 일은 거의 없다. 반면 사업을 하는 사람이라면 압류 같은 가능성이 직장인보다는 높다.

그러므로 사업하는 사람과 동업할 때는 신중하게 판단할 필요가 있다. 만일 꼭 사업가와 공동투자를 해야 한다면 그 사업이 어떤지와 그 사람의 됨됨이를 잘 살펴봐야 한다. 예를 들어 허풍과 유세 떠는 사람이라거나 술과 여자에 빠져 사는 사람이라면 다시 한번 고민을 해봐야 한다.

잘나가는 사람하고 하라

성공하기 위해서는 잘되는 사람 옆에 있으라는 말을 많이 들어 봤을 것이다. 성공한 사람 옆에 있어야 인생에 도움을 많이 받을 수 있다. 앞서 사업하는 사람보다 직장인과 하라고 했지만, 사업이 잘되고 사업 자금이 많다면 그런 사람과 하는 것이 유리하다. 성공한 사업가랑 같이 한다면 적은 금액으로도 일부 지분으로 들어갈 수도 있어 유리하기 때문이다. 예를 들어 100억 원 건물을 매입하기로 했는데 내가 가진 자산이 5천만 원밖에 없다면 5천만 원의 지분으로 100억 원 건물이라는 한 배를 탈 수 있게 된다.

처음부터 장기투자를 마음먹고 투자하라

처음 투자할 때는 2~3년 후에 얼마에 매각하자고 얘기가 되었어도 막상 팔려고 하면 투자자 중 한두 명은 안 판다고 할 수도 있다. 공동투자해서 잘 관리가 되고 성공적인 매각까지 이루어지면 좋겠지만 사람 일이 뜻대로 되지 않기 때문에 매각 시점에 뜻이 안 맞아서 오래 끌고 갈 수도 있다.

그렇기 때문에 처음부터 장기적으로 가져가야 한다고 생각하고 투자하라. 어차피 빌딩 투자는 오래 가지고 있을수록 좋기 때문에 이 돈이 없어도 될 정도의 여윳돈으로 투자하는 것이 바람직하다.

공동투자자 중 일부가 팔려고 할 때는 원가에 매입하라

공동투자자 중 한 사람이 급한 일이 생겨 빨리 빌딩을 팔자고 한다면 팔려고 하는 사람의 지분을 공동투자자들이 함께 원금에 인수하는 방법도 있다. 공동투자는 공동 지분으로 되어 있어 외부에서 처분하기 힘들다. 그래서 결국에는 매각하려고 하는 사람이 급한 마음에 원금으로 내놓을 수밖에 없다. 이때 나머지 공동투자자들이 원금을 주고 매입하는 것이 좋다. 왜냐하면 그동안 건물 가격이 올랐기 때문에 상황에 따라서는 건물 하나 더 사는 것보다 이익이 될 수 있기 때문이다. 그러니 애초에 동업계약서를 작성할 때도 중간에 빠지게 된다면 원금만 받고 나간다는 특약을 걸어놓는 것도 좋다.

다음 플랜이 있어야 한다

만일 한 명이 안 판다고 해서 매각을 못한다면 장기간 돈이 묶여 있을 수 있다. 이럴 때는 안 판다는 사람을 설득해야 하는데 다른 더 좋은 매물을 보여주면서 갈아타자고 설득하는 방법이 있다.

그럼 어떤 게 실익이 있는지 따져볼 것이고 제안한 건물이 더 좋다면 설득하기가 쉬워질 것이다. 그리고 애초에 얼마가 되면 매각하자고 하면서 시작하면 더욱 좋다. 예를 들어 20억 원에 매입했는데 40억 원이 되면 팔자는 계획을 처음부터 세우고 시작하자.

동업계약서를 작성하라

동업계약서의 내용은 3분의 2 이상이면 따르기로 한다. '금액이 얼마가 되면 팔기로 한다' 등의 내용을 작성하고 시작하라. 물론 동업계약서를 아무리 잘 써놓아도 공동투자자 중 한 사람이 안 판다고 끝까지 버티면 동업계약서가 소용이 없다. 하지만 심리적 압박은 줄 수 있다. 또한 손해배상 청구도 할 수 있다.

물론 이렇게 되면 더욱 상황은 안 좋게 되어서 피해야겠지만 그래도 동업계약서로 서로의 말에 책임질 수 있게끔 미리 작성해놓는 것이 뜻을 하나로 모으는 데 유리하다.

좋은 매물을 사라

동업이라는 게 사업이 잘되어야 유지가 되는 거지 안 되면 문제가 생긴다. 사업이 안 된다고 내 탓 네 탓 하면서 이어간다면 좋은 결과를 기대할 수 없다. 하지만 좋은 매물을 산다면 끝까지 뜻을 모아 갈 수 있다. 금액만 맞으면 언제라도 팔 수 있는 그런 건물이면 더욱 안전하다. 수익성 위주의 건물보다는 수익은 낮더라도 투자가치 높은 건물을 선정하라. 임대수익이 이자를 감당하지 못하더라도 여러 명이서 분담해서 이자를 낼 수 있으니 부담이 적다.

특히 금액이 큰 건물일수록 강남으로 매입하길 권한다. 강남은 언제든지 현금화할 수 있는 지역이다. 공동투자, 동업이라는 게 잘되면 문제가 없지만 잘 안 되면 문제가 발생한다. 물론 잘될 때도 동업자 중 한 사람이 욕심을 부리면 문제가 발생하긴 하지만 애초에 사업이 잘 안 되면 잦은 분쟁이 발생하여 소송으로 이어지는 경우도 생긴다. 그래서 공동투자할 때는 반드시 좋은 입지의 물건을 선택해야 한다.

서울에 있는 빌딩을 선택하여 언제든지 현금화시킬 수 있는 건물을 매입하는 것이 좋다. 지방 건물은 사지 않는 것이 좋다. 또한 아무리 급매물이더라도 공동투자로 매입할 때는 분양 상가나 토지 등도 피해야 한다. 환금성이 떨어지기 때문이다. 만일 투자자 중 한 명의 가족이 아파서 목돈이 들어가야 한다면 어쩔 수 없이 급히 팔아야 할 때도 생긴다. 이러한 돌발 변수에 대비하기 위해서는 언제든 매각할 수 있는 그런 건물이어야 한다.

그리고 공동투자할 때는 가급적 공동투자자 중 한 사람은 부동산 전문가이거나 한두 번 거래를 해본 경험 있는 사람이 있으면 더욱 좋다. 그런 사람들은 빌딩을 보는 안목이 있기 때문에 최소 손해 보는 건물은 매입하지 않을 것이다.

건물 관리는 직접 하지 마라

빌딩을 갖고 있다 보면 관리할 게 은근히 많으면서 신경 쓸 것도 많고 시간을 상당히 많이 뺏긴다. 나 혼자 투자하면 내가 어떻게든 감당하려고 하겠지만 여러 명이 투자하다 보면 왜 나만 관리를 해야 하냐고 관리를 서로 떠넘길 수가 있다. 이러다가 악감정이 쌓여 나중에 매각할 때 협조를 안 할 수도 있다.

이럴 때는 차라리 빌딩 관리 회사에 맡겨놓으면 누구한테 떠넘기지 않아도 되고 오랫동안 서로 좋은 관계를 유지할 수 있다.

더 큰 빌딩에 도전하라

빌딩 공동투자는 한 번으로 끝나는 것이 아니라 돈을 모아 매년 한두 개씩 매입하는 것이 핵심이다. 일단 한번 성공 투자를 맛보았으면 매각한 금액으로 대출을 활용하여 더 큰 빌딩에 투자하라. 공동투자로 인연을 맺은 것도 보통 인연이 아니다. 성공까지 했다면 더욱 값진 인연이 될 것이다. 많은 시세차익을 남기고 팔았다면 거기에서 만족하지 말고 더 큰 빌딩을 향해 도전하라.

신뢰와 다수결 원칙을 유지하라

공동투자도 공동사업이나 마찬가지다. 처음에 서로 믿고 시작했으면 끝까지 믿고 가야 한다. 내 욕심만 부려서도 안 된다. 내가 옳다고 생각해도 공동투자는 다수결의 원칙에 따라서 움직이는 게 가장 깔끔하고 좋은 관례를 오래동안 유지할 수 있는 비결이다. 서로 신뢰가 쌓인다면 서로 부자로 만들어주는 시간을 단축시킬 것이다. 그 관계는 오래갈 것이고 서로 부자로 만들어주는 관계로 가기 때문에 그 신뢰를 바탕으로 그다음 투자로 더 큰 이득을 만들어 갈 것이다.

공동투자
성공 사례

갭투자란?

갭투자는 주택의 매매가격과 주택의 전세금의 차이가 적은 집을 전세 끼고 매입해서 매매가격이 상승하면 오른 만큼 차익을 얻을 수 있는 투자 방식이다. 예를 들어 매매가격이 3억 원인 주택의 전세금 시세가 2억 5천만 원이라면 전세를 끼고 5천만 원으로 집을 사는 방식이다. 2015년 저금리 기조를 시작으로 부동산 가격 상승 분위기를 타고 갭투자가 분위기를 타고 있었다. 저금리 분위기 속에 적게는 2천만~3천만 원이 있으면 전세 끼고 아파트를 구입할 수 있어 한 사람이 아파트를 열 채, 스무 채씩 가질 수 있었던 것이다. 이 투자 방식은 2020년(8·21 부동산 대책)만 해도 성행했다.

그러나 이제는 이런 갭투자가 불가능하게 되었다. 2가구 이상일 시 취득세 2~3배, 양도세 60~70%, 보유세도 중과되어 이제는 갭투자를 할 여건이 안 된다. 몇몇 투자자들은 돈이 갈 데가 없으니 자녀 이름을 이용하여 갭투자 방식으로 투자한다지만 이것도 어디까지나 한계가 있다. 또한 주택은 자금출처(자금조달계획서)를 의무적으로 제출해야 하고 9억 원 이상이면 대출 제한이 있다. 또한 과밀억제권이면 2년 이상 의무적으로 거주를 해야 한다. 즉 이제는 1가구 1주택 이상의 주택을 가질 수가 없는 시대가 온 것이다. '똘똘한 한 채만'이란 얘기가 나올 수밖에 없다.

이제는 건물 갭투자

　최근 아파트를 갭투자하던 사람들이 빌딩에 대한 수요로 눈길을 돌렸다. 아파트 갭투자 길이 막히자 빌딩 쪽으로 관심을 돌린 것이다. 돈을 차곡차곡 모아서 빌딩을 사야겠다고 생각하는 사람은 부지기수다. 나도 얼마 전까지 그렇게 생각했다. 하지만 내가 돈을 버는 것보다 부동산 가격이 오르는 속도를 따라가지 못한다. 시간이 지날수록 건물주가 되겠다는 꿈은 더 멀어져만 간다. '벼락거지'라는 말이 괜히 나온 말이 아니다. 게다가 빌딩은 시간이 지나면 지날수록 더 오르기 때문에 지금 당장 올라타야 한다. 그렇다면 돈이 적더라도 어떻게 하면 나도 그 흐름에 올라탈 수 있는지 자세히 살펴보겠다.

공동투자로 건물주 되기

대부분 빌딩 투자는 목돈이 들어가기 때문에 접근하기가 어렵지만 공동투자를 통해 적은 금액으로도 이익을 얻는 사람들이 많이 있다. 현금 부자가 아니라면 공동명의로 한 건물 갭투자 방식을 통해 소액으로도 누구나 건물주가 될 수 있다. 적게는 3천만 원만 있으면 가능하다. 서울 강북은 6억~7억 원 건물도 많이 있다. 이런 건물은 대출을 활용하면 현금 2억 원으로 매입이 가능한데 1인당 3천만 원씩 7명을 모으면 투자할 수 있다. 10억 원 건물은 현금 3억 원만 있으면 매입이 가능하다. 3천만 원씩 10명을 모으면 살 수 있다. 20억 원 건물은 현금 6억 원 정도 있으면 매입이 가능하다. 6천만 원씩 10명을 모으면 살 수 있다. 10명이 부담스럽다면 7명도 괜찮다. 내가 생각하는 가장 이상적인 것은 4명인데 4명이서 1억 5천만 원씩 투자하면 20억 원 건물을 매입할 수 있다. 빌딩 공동투자는 여러 가지 방법으로 이루어지고 있다.

3천만 원 투자해서 120%의 가치를 만들다

중학교 때부터 꾸준하게 만남을 이어오던 친한 친구 6명이 있었다. 그중 중랑구에서 부동산을 운영하는 한 친구의 제안으로 중랑구 중화동에 있는 건물에 공동투자를 했다. 매매가는 7억 원이었고 신용도가 높은 친구 중 한 명을 차주로 내세워 신규 법인 개설 후 대출 5억 5천만 원을 받았다. 1인당 약 3천만 원씩 들어간 셈이다. 현재 이 건물은 4차선 도로변에 있는 단층 건물로 소매점이 들어와 있고 월세는 130만 원이 나온다. 이자를 내고 나면 임대료는 남는 게 없다. 하지만 중랑구는 앞으로 망우역에 GTX-B 노선이 들어올 예정이고, 동부간선도로의 지하화로 인한 도로 확장과 지상에는 친환경 수변공원을 조성할 계획으로 앞으로 호재가 많은 곳이다.

이들은 부동산을 하는 친구가 있어 발빠른 정보를 얻을 수 있었고, 상속으로 인한 매물을 급매로 살 수 있었다. 건물 매매 후 1년 정도가 지났는데 시세가 3억 원이 올랐다. 오랜 친구들이 서로 함께 투자에 성공하면서 더욱 좋은 관계를 유지하고 있다. 즉, 우정과 성공이라는 두 마리 토끼를 잡은 것이다.

6천만 원 투자해서 2억 원의 가치를 올리다

법인 대표인 E 고객은 회사 직원 7명과 함께 영등포구에 있는 건물에 투자를 했다. 10억 3천만 원에 매입하여 현재 건물을 새로 신축하고 있다. 6층 건물로 신축 비용은 약 5억 원 정도 들어가서 총 15억 3천만 원에 매입한 것이다. 매입비와 건축 비용을 합한 금액의 80%를 대출로 충당했다. 땅 매입과 신축 비용 등 자기자본 4억 2천만 원을 7명이 각각 6천만 원씩 투자하였다.

최소 임대료를 보증금 1억 원, 임대료 800만 원까지 맞춰서 최소 30억 원 이상의 차익을 보려고 준비하고 있다. 만일 30억 원으로 매각을 했을 시 약 14억 원의 양도차익을 거둘 수 있다. 1인당 6천만 원 투자하여 투자금의 7배에 가까운 인당 2억 원씩 투자금을 회수할 수 있게 된 것이다(양도소득세는 제외).

4인 법인으로 건물주되다

지인 4명이 법인을 세워 관악구 신림동에 있는 대로변 건물을 20억 원에 매입하였다. 매입 금액의 75%인 15억 원을 대출받고 1인당 1억 3천만 원씩 투자하여 매입하였다(취득세, 중개수수료는 보증금에서 차감). 당시에는 난곡선이 이야기는 나왔지만 확정이 안 된 상태였는데 지금은(2021년 11월 기준) 확정으로 굳어지고 있는 상황이다. 만약 난곡선이 들어오면 매입한 건물 앞으로 들어오기 때문에 향후 엄청난 기대 이익을 거둘 것으로 보고 있다. 이 건물은 매입 후 1년 만에 시세가 8억 원이 올랐으며, 수년 후에 지하철이 들어온다면 40억 원 이상도 가능한 건물이다. 지금 당장 팔아도 1억 3천만 원씩 투자하여 1년도 안 돼 2억 원씩은 가져가는 셈이다(양도소득세 제외).

5억 원 투자하여 강남 100억 원 빌딩 사다

건물을 여러 채 들고 있는 G 대표는 잘 알고 있는 지인 4명을 모집하여 법인을 세우고 각 5억 원씩 투자하여 현금 25억 원으로 강남에 있는 건물을 100억 원에 매입하였다. 대출은 매입 금액의 75% 수준으로 충당했다. 거기에 각 8천만 원씩 4억 원을 더해 리모델링을 하였고 새로 임대를 맞춰놓았다(수익률 2.5%). 이 건물은 1년도 안 되어서 150억 원에 매각되었다. 취득세 중개수수료(5억

5천만 원)를 포함하여 1인당 약 6억 9천만 원씩 투자해서 1년도 안 되어 40억 5천만 원의 시세차익이 발생했다. 1인당 8억 1천만 원(양도소득세 제외)인 셈이다. 투자 금액이 많으면 많을수록 이익 금액은 더 높아진다. 이처럼 공동투자를 잘 활용한다면 수익을 극대화할 수 있다.

적은 금액으로 수익을 극대화하라

앞의 사례를 보면 적은 금액으로도 수익을 극대화할 수 있음을 알 수 있다. 공동투자로 6천만 원을 투자해서 매각 시 2억 원 정도의 이득을 창출할 수 있지만 만약 혼자였다면 6천만 원으로는 할 수 있는 게 거의 없다. 대출을 활용해서 오피스텔 정도는 살 수 있겠지만 시세차익은 기대할 수 없다. 그리고 공동투자로 차익을 얻고 매각하였다면 다시 그 돈으로 새로운 투자를 시도할 수 있게 된다. 내 지인은 4년 전에 인천에 1억 3천만 원을 주고 오피스텔 투자를 했는데 그 오피스텔 바로 앞에 다른 오피스텔이 들어오는 바람에 1억 3천만 원에 내놓아도 팔리지 않고 있다.

세 번째 사례의 경우, 정말 수년 후에 지하철이 들어와 건물을 40억 원에 매각한다면 4명이서 다시 60억 원대의 건물로 갈아탈 수 있을 것이다. 네 번째 사례의 G 대표는 150억 원에 매각해 지금은 200억 원 정도의 건물을 찾고 있다. 이런 식으로 자산을 불려간다면 10년 후에는 혼자서도 빌딩을 살 수 있을 정도의 자본이 모일 것이다. 평생 건물을 못 살 것 같았지만 이런 식으로 매입해서 자산을 불려나간다면 누구라도 건물주가 될 수 있다.

내가 가진 돈이 5억~6억 원이 있으면 단독 명의로 사라. 여기서 말하는 방법은 5억~6억 원이 없을 때다. 만일 5~6억 원으로 100억 원정도의 건물을 사고 싶다면 공동투자를 이용해서 더 큰 이익을 취하는 것도 좋은 방법이다. 내 돈이 몇천만 원 정도 있어도 이 정도 금액으로는 어중간하여 마땅히 투자할 곳이 없다. 결국 소형 오피스텔을 매입하거나 땅을 사거나 해야 하는데 문제는 팔고 나오기가 힘들다는 점이다. 팔더라도 거의 이익 없이 팔고 나와야 한다. 주변에 몇 천 정도 있는 지인들을 불러 모아라. 지인의 지인도 좋다. 3~4명이 가장 좋지만 10명도 괜찮다.

공동투자 시장이
성장할 수밖에 없는 이유

조각투자 열풍

은행 이자가 세금 제외하면 제로 금리나 마찬가지인 시대다. 자산을 늘려야 하는 2030 세대에게 투자는 필수가 되었다. 또한 이들은 금융업계의 재테크 판도를 바꾸고 있는데 예를 들어 미술품, 명품, 음악, 스니커즈, 한우, 빌딩 등 다소 생소한 투자 상품에 눈을 돌리는 사람들이 점점 많아지고 있다.

이에 따라 투자 중개 플랫폼 시장이 변화하고 성장하고 있다. 플랫폼 회사에서는 투자자들을 모아 혼자서는 소유하기 힘든 고가 명품, 미술품, 빌딩 등을 공동으로 소유하게 하고 여기서 발생하는 수익금을 나누는 구조로 운영되고 있다. 따라서 빌딩뿐만 아니라 플랫폼 회사를 통하면 누구나 손쉽게 공동투자를 통해 차익 실현이 가능하다.

미술품 공동투자

미술품은 금과 같이 안전자산으로서 고액 자산가에 한해서 수집하던 고급 취미로 여겨졌다. 그러나 최근 재테크에 대한 관심이 대중으로 확대되면서 미술품 시장이 역대급 호황을 맞고 있다.

공동투자 플랫폼을 통해 소액으로 그림에 대한 투자가 가능해져 투자자들의 참여도가 많이 늘고 있다. 미술 투자 플랫폼은 미술품을 공동투자하여 웃돈 붙여 되팔아 수익을 나누거나, 미술품을 갤러리나 고급 식당, 모델하우스 등에 대여해 생기는 수익을 나눠 갖는 방식이다. 2021년 5월에는 부산에서 열린 아트부산에 8만여 명이 들러 350억 원어치 미술품을 구매했다. 아트부산 역사상 최대 판매액이라고 한다.

롤렉스 명품시계 30분 만에 완판

시간이 지날수록 비싸지는 명품 열풍에 롤렉스 시계 공동투자 상품은 공동투자 펀딩을 시작한 지 30분 만에 완판되었다. 마찬가지로 희소한 명품 또는 한정판 등을 내세워 혼자서는 갖기 힘든 고가 명품들을 공동투자하여 가격이 뛰면 되팔아 지분대로 수익을 나누는 플랫폼이 활성화되고 있다.

저작권 공동투자

음악 저작권을 공동투자해서 지분만큼 매월 저작권료를 정산받는 방식이다. 자신이 좋아하는 노래의 저작권을 가진다는 것에 매력을 느껴 젊은 2030 세대 투자자들에게 많은 관심을 받고 있는 투자 플랫폼이다. 뮤직카우라는 플랫폼이 대표적이며 현재 이용자수가 약 10만 명에 달한다. 이 중 2030세대 비중은 70%에 이른다.

스니커즈 공동투자

최근에는 공동투자 방식이 스니커즈 리셀 시장까지 확대되었다. 이런 인기에 힘입어 요즘은 한정판 물건을 재판매해 차익을 얻는 '리셀테크(희소성 있는 새 제품을 사 웃돈을 받고 되파는 '리셀'과 테크를 합친 말)'에 투자하는 사람들도 늘어나는 추세다. 한정판 운동화에 대한 수요가 커지면서 2020년 11월에 진행된 공동구매 모집에서는 90켤레가 20분 만에 완판되기도 했다.

한우 공동투자

한우 투자 상품은 농가(생산자)와 투자자(소비자)가 한우에 공동투자를 하여 이익이 발생하면 나눠 갖는 방식이다. 투자자가 송아지를 취득하면 농가가 대신 사육한다. 일정 기간이 지나 송아지가 자라면 경매를 거쳐 매각하게 되고 여기서 나온 수익금을 농가와 투자자가 나누어 갖는 구조로 되어 있다.

그간 한우는 보통 최소 수십 마리 단위로 사육이 이뤄져 적게는 1억 원에서 많게는 300억 원에 달하는 현금이 필요했지만, 얼마 전 1억 원에 달하는 1차 펀딩이 12일 만에 완판되었고 2차 펀딩 2억 원이 일주일 만에 완판되었다.

2시간 30분 만에 부동산 조각투자 완판

누구나 한 번쯤은 건물주가 되는 꿈을 꾼다. 하지만 현실적으로 그 꿈을 이룰 수 있는 사람은 그리 많지 않다. 하지만 건물 전체를 소유하지는 못하더라도 커피 한잔 값으로 일정 지분을 소유할 수 있는 빌딩 투자 플랫폼에 2030 세대 젊은 투자자들이 몰리고 있다.

얼마 전 서초구 서초동의 부동산이 유동화 수익증권(DABS, Digital Asset Backed Securities: 소유자는 주식회사의 주주처럼 거래할 수 있다. 건물을 지분처럼 거래할 수 있고 3개월마다 임대배당 수익을 받을 수가 있으며, 건물 매각 시 시세차익을 얻을 수도 있다)으로 시장에 나와 총 80만 댑스가 2시간 30분 만에 완판되었다. 금액으로는 40억 원이며 공모 참여자는 2,882명이었다. 고액 자산가들만 가능했던 빌딩을 이제 공동투자 방식으로 누구나 접근할 수 있는 시대가 된 것이다.

100억 원대 빌딩을 커피 한잔 값으로 매입하기

지난해 11월 강남구 역삼동에 있는 런던빌 빌딩 공모 총액은 101억 8천만 원이며 총 203만 6천 댑스가 발행되어 7천 명가량 몰리며 완판되었다. 이 건물 공모에는 20~30대 투자자가 54%를 차지하였다. 커피 한잔 값으로 건물주가 될 수 있다는 기분을 느껴보고 싶은 젊은 투자자들의 관심이 쏠린 현상이라 할 수 있다.

미국에서는 부동산 공동투자가 유리

우리나라는 공동투자라고 하면 선입견을 보고 바라보지만 미국 등 선진국에서는 이미 부동산 공동투자로 부를 많이 이루고 있다. 다음은 뉴욕에 부동산경제연구소를 세운 남주안 교수의 기고다.

"부동산 투자에서 유대인·중국인과 한국인의 가장 큰 차이는 공동투자다. 유대인·중국인은 여러 명이 돈을 모아 건물을 사는 데 익숙하다. 유대인과 중국인이 미국에서 상권을 장악할 수 있었던 것도 공동투자 덕분이다. 이와 달리 한국인은 단독 매입을 선호한다. 이 때문에 살 수 있는 부동산에 한계가 있었다. 뉴욕시 플러싱에서 한국인이 기껏 일궈놓은 상권을 유대인과 중국인에게 빼앗기고 있는 것도 이 때문이다."

— 〈중앙일보〉, "미국선 부동산 공동투자가 유리", 2010. 4. 14.

모의 공동투자 시뮬레이션

1. 공동투자자 모집하기

- 지인으로 구성된 공동투자자를 모집한다(공동투자할 지인이 없다면 투자 모임, 투자 카페 등을 활용하여 공동투자자를 결성한다).
- 만나서 서로의 통장 잔액을 확인한다.
- 동업계약서를 작성한다(건물 계약 후에 작성해도 됨).
- 법인을 설립한다(건물 계약 후에 설립해도 됨).

2. 현금을 얼마나 투자할 수 있는지 확인하기

- 가급적 똑같은 비율로 투자하는 것이 좋다.
- 돈이 부족하다면 공동투자자를 추가로 섭외한다.
- 매매 금액의 30% 정도의 현금이 있어야 한다(만일 현금 3억 원이라면 10억 원 정도 투자 가능).

3. 신용도 확인

- 신용 1등급으로 신용도가 높은 사람을 차주(대출을 받는 사람)로 내세운다. 신용등급이 높은 사람을 차주로 해야 대출을 더 많이 받을 수 있기 때문이다.
- 카카오 뱅크앱으로 신용도 확인이 가능하다.

4. 매물 찾기

- 먼저 네이버 광고 등 인터넷 광고를 통해 부동산에 전화해본다.
- 괜찮은 물건이 있다면 현장을 답사한다.
- 답사한 물건 중심으로 주변에 다른 부동산에 들어가서 물건을 찾는다 (답사한 물건보다 좋은 매물이 있으면 그걸로 매입하는 것이 유리함).
- 매물은 반드시 수도권(서울, 경기, 인천)으로 매입하고 가급적 서울로 매입하는 것을 추천한다.
- 지하철 10분 거리면 좋지만 아니더라도 상권이 잘 발달되어 있으면 괜찮다.
- 주변 시세를 확인하여 투자할 건물이 적당한 시세면 괜찮다(급매는 시간 낭비).
- 감정가가 높은 건물이면 더욱 좋다(대출이 잘 나오기 때문).

5. 대출 확인

- 투자할 건물을 결정했으면, 은행 두세 군데에 넣어 대출을 알아본다(중개업자에게 넣어달라고 하거나 투자자의 주거래 은행에 넣어보고 대출을 확인).

- 대출은 늦어도 24시간 이내에 나온다.

- 대출금액과 이자 금액은 은행마다 다르고 같은 은행이라도 지점마다 다르다.

6. 계약하기

- 충분히 대출이 나왔다면 중개업자에게 계약하겠다고 통보한다.

- 10% 계약금, 신분증을 준비한다.

- 지분 비율을 정하여 계약한다.

7. 동업계약서 및 법인 설립하기

- 동업계약서를 작성한다(공증까지 받으면 더 좋음).

- 법인을 설립한다(개인으로 여러 명이 해도 상관없음).

8. 대출 신청

- 대출 신청은 은행 세 군데 정도를 정하여 비교하면서 이자가 가장 저렴한 곳으로 결정한다.

9. 잔금 치르기

10. 임차인 승계받기

- 등기부등본이 나오면 임차인들을 만나서 계약서를 승계한다(중개한 중개업자가 도와준다. 보통은 기존 계약서에 매도인 이름만 지우고 수정함).

6장

소액으로 살 수 있는
빌딩 투자 유망 지역 7선

연신내역

GTX-A 호재

은평구의 대표 상권으로는 연신내역에 있는 로데오 상권이 있다. 은평구는 연신내역과 불광역 상권으로 나눌 수 있는데 불광역 주변은 주로 북한산으로 등산 갔다가 하산하는 길로 50~60대 기성세대들이 모이는 상권이고 연신내역은 10~30대까지 젊은 사람들이 이용하는 상권이다.

구파발의 롯데쇼핑몰과 고양시의 스타필드에 상권을 일부 내주기도 했지만 워낙 상권이 오랫동안 유지되어왔고 환승역세권으로 인한 교통의 요지이며 대형 병원, 전통시장, 맛집, 로데오 쇼핑몰, 술집, 카페 등이 구성되어 있어 인프라가 우수하여 여전히 연신내역은 많은 사람이 이용하는 공간이다.

향후 3년 이내 GTX-A까지 들어온다면 파주, 일산에 사는 인구를 끌어들일 것으로도 전망된다. 또한 GTX-A가 들어온다면 삼성

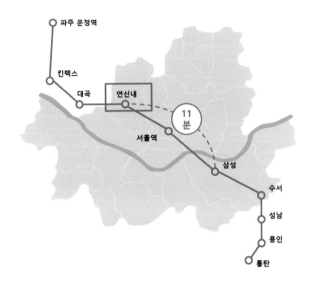

역까지 11분에 진입이 가능해져 은평구 일대의 전반적인 지가 상
승을 기대해볼 수 있다.

트리플 역세권으로 발돋움

연신내역은 앞으로 트리플 역세권으로 교통의 핵심 입지가 될
것이다. GTX-A 공사를 시작으로 연신내역 주변으로 선일 초등학
교 인근에 2천여 세대의 아파트가 들어설 예정이고 주변에 크고
작은 건물들이 신축과 리모델링을 통해 점차 개발되고 있다.

연신내역 메인 먹자거리는 평당 8천만~1억 원을 호가하지만 역에서 6~8분 거리에 있는 건물들은 평당 3천만 원대에도 거래가 가능하여 적은 금액으로 투자를 노려볼 수 있다.

투자 포인트

연신내역 주변은 먹자골목 상권으로 유동 인구가 많아 땅값이 높은 곳이다. 하지만 그런 쪽을 피해서 매입한다면 평당 3천만 원대에도 거래가 가능하여 적은 금액으로 투자를 노려볼 수 있다.

▶ GTX-A 투자 포인트

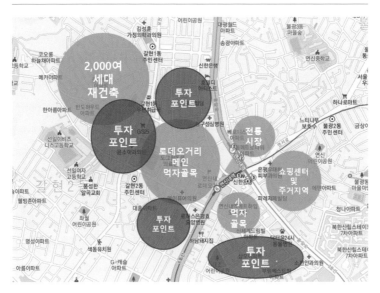

신림선과
난곡선 주변

높은 인구밀도의 관악구

관악구는 서울시내 자치구 중에서도 인구밀도가 제일 높은 곳이다. 또한 강남, 여의도, 가산디지털단지, 구로디지털단지 등으로 직주근접(직장과 주거지가 가까이에 있음)으로는 매우 우수한 입지다.

관악구 신림동은 과거 10년 대비 17.54%의 인구증가율을 보였으며 세대수 증가율은 무려 37.89%를 기록했다. 경제활동이 왕성한 20~50대 인구의 유입이 주를 이뤄 신림동에 활기를 불어넣고 있다. 관악구에서 주목해야 할 곳은 새로 개통될 신림선과 난곡선이다.

신림선

신림선 경전철은 서울대 앞에서부터 2호선 신림역을 지나 여의

도 샛강역까지 이어지는 구간이다. 신림선을 이용하면 서울대 앞에서 여의도까지 출퇴근 시간이 40분대에서 16분으로 단축된다. 또한 지하철 9호선 샛강역, 7호선 보라매역, 2호선 신림역, 국철

대방역 4개의 정거장에 환승이 가능해진다.

난곡선

난곡선 경전철은 난향동부터 보라매역을 지나 여의도역까지 이어지는 구간이다. 난곡선을 이용하면 난향동에서 여의도까지 걸리는 시간이 40분대에서 15분으로 단축된다.

또한 2호선 신대방역과 7호선 보라매공원역, 국철 대방역, 5호선 여의도역까지 4개의 정거장에서 환승이 가능해진다. 더 관심 있게 봐야 할 것은 난곡선~금천구청역 연장 추진안이다. 현재 검토 중이지만 연장된다면 파급효과가 더욱 커질 수 있다.

투자 포인트

신림선과 난곡선은 근처 역 5분 거리 이내에 있는 모든 건물이 투자 대상이고, 현재까지(2021년 기준) 평당 3천만~4천만 원대에 투자가 가능하다.

장승배기역,
신풍역

7호선의 효자들

신풍역, 보라매역, 장승배기역은 7호선으로 강남 고속버스터미널역까지 10분대로 진입할 수 있고 구로구, 마포구, 여의도까지도 접근성이 매우 우수한 곳이다. 무엇보다 이 3개 노선은 곧 환승역세권이 되어 많은 이용객들이 몰릴 것으로 기대되는 곳이다.

장승배기역

장승배기역은 서부선 경전철(2028년 개통 예정)이 들어오는데 서부선은 서울대입구역에서 장승배기역과 여의도와 마포구를 지나 은평구 새절역까지 이어지는 구간으로 서울 남·북부권을 이어주는 노선이다. 장승배기역은 강남과 가산디지털단지로 이어지는 7호선과 연결되는 환승역세권이 된다. 또한 장승배기역에

서 10분거리에 1호선과 9호선을 이용할 수 있는 노량진역이 있어 목적지에 따라서 지하철을 수월하게 이용할 수 있다.

행정타운 준공

장승배기역 일대에 지상 10층, 지하 3층 규모로 동작구 종합행정타운이 2023년 준공될 예정이다. 이곳에는 동작구청, 소방서, 시설관리공단, 동작구의회, 보건소, 우체국, 경찰서, 동작문화복지센터 등이 들어서 많은 지역 주민이 이용할 것으로 내다보고 있다.

또한 5~10분 거리에 1만여 가구가 입주하는 노량진 뉴타운이

▶ 종합행정타운 조감도

▶ 서부선 경전철 투자 포인트

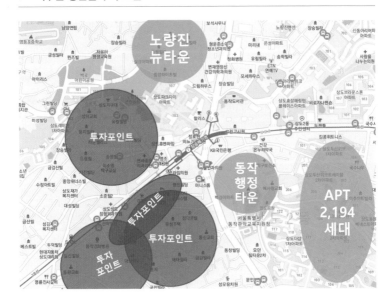

진행 중이므로 장승배기역에 많은 변화가 있을 예정이다.

투자 포인트

장승배기역 주변은 상업지역과 준주거지역으로 평당 8천만 원 이상으로 지가가 꽤 쎈 편이다. 하지만 장승배기역에서 5~10분 거리에는 평당 3천만~5천만 원대로 진입할 수 있으니 이 곳을 주목하자.

신풍역

신풍역은 신길 뉴타운의 중심에 있으며 인근 약 2만 세대에 달하는 풍부한 배후 수요와 유동 인구가 많은 입지와 각종 개발 사업으로 향후 지역 가치 향상이 기대되고 있다. 또한 안산과 시흥, 광명에 사는 직장인들이 서울로 출근하기 위해서 신안산선을 이용하는데 신풍역은 강남과 가산디지털단지 등으로 이용할 수 있는 환승구간으로 많은 사람이 이용할 것으로 내다보고 있다.

투자 포인트

신풍역은 강남과 연결되는 7호선이라는 이점이 있어 교통이 좋은 곳이다. 그러나 많이 낙후된 곳이라 개발이 활발하지 않았는데 신안산선 공사 기점으로 많은 개발이 진행 중에 있다.

이 일대가 많이 오르긴 했지만 아직 낙후된 곳이 많이 있어 그

런 곳을 찾아 들어가면 평당 3천만~4천만 원대에 진입이 가능하
다. 신안산선 개통 시점에 주변 개발까지 맞물려 기대 이상의 지가
상승을 기대해볼 수 있는 곳이다.

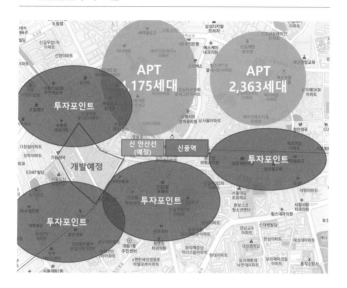

창동역

GTX-C 호재

창동역은 현재 1호선과 4호선이 있다. 얼마 전까지만 하더라도 창동역은 크게 주목받는 지역이 아니었다. 바로 옆에 강남으로 이어지는 7호선과 4호선이 있는 노원역이 있고 롯데백화점과 문화의 거리 등 상업시설이 몰려 있기 때문이다.

하지만 GTX-C 노선이 확정되면서 분위기가 달라졌다. 창동역에 GTX-C가 들어오면 삼성역까지 10분대로 이동할 수 있고 의정부와 양주 등에서도 창동역으로 접근이 좋아져 많은 유동 인구를 흡수할 수 있기 때문이다. 이렇다 보니 창동역 주변으로 개발 붐이 불고 있다.

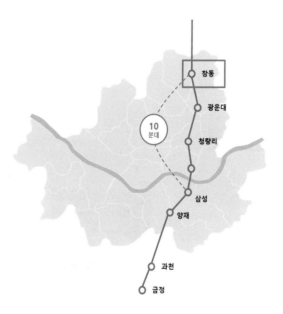

개발 호재

창동역의 개발 호재 가운데 첫 번째는 지상 28층, 지하 6층 규모 복합환승센터에 들어오는 상업, 업무, 문화, 쇼핑 등 다양한 상업시설을 들 수 있다. 두 번째는 대형 공연장이다. 이곳에서는 K팝, 뮤지컬 등 다양한 문화공연 등이 있을 예정이다. 세 번째는 창동 차량기지와 도봉운전면허시험장이 있는 곳에 개발될 바이오메티컬클러스터다. 바이오메티컬클러스터는 메디컬 관렵 업체, 연구소, 병원 등을 유치해 바이오산업 생태계를 만드는 사업이다. 또

한 창동역과 노원역 인근에 상계주공아파트 등 수많은 아파트가 재건축이 예정돼 있다.

GTX-C가 들어오면서 많은 개발 호재를 불러일으키고 있으며 앞으로 창동역 일대에 많은 변화기 있어 새로운 명소로 자리 잡을 것으로 기대를 모으고 있다.

투자 포인트

창동역과 노원역 주변은 먹자 거리로 땅값이 비싸 꼬마빌딩은 찾기가 어렵고 대형 개발 호재로 인해 물건들이 잘 나오지 않는 곳

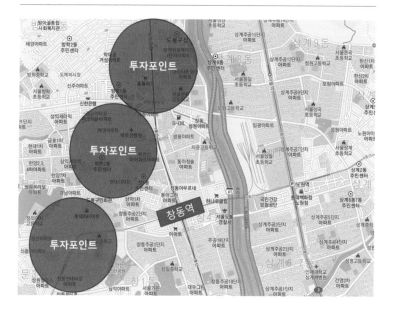

이기도 하다. 하지만 창동역에서 5~10분 거리, 바로 옆 역인 도봉역이나 쌍문역 인근으로 눈을 돌리면 평당 2천만~3천만 원대의 꼬마빌딩을 매입할 수 있다. 창동역 근처 지역의 가격이 올라가면 그 인근의 지역도 따라 올라가기 때문에 소액으로 투자하기 알맞은 지역이다.

망원역

핫 플레이스 망원시장

마포구는 많이 오르긴 했지만 그나마 적은 비용으로 노려볼 만한 곳이 망원동이다. 먼저 먹거리가 가득한 망원시장이 있다. 망원시장은 1970년대부터 작은 가게들이 하나둘 생겨 지금의 시장규모로 확장되었다. 그리고 MZ세대에게 핫 플레이스인 망리단길이 있다. 망리단길은 경리단길, 송리단길, 황리단길처럼 SNS에 소통하기 위한 감성 카페와 외국 음식점, 소품 숍들이 이어진 곳이다.

풍부한 유동 인구

망원동은 주택가가 밀집해 있으며 망원시장과 망리단길로 외지인들까지 끌어모아져 유동 인구가 매우 풍부한 곳이다. 홍대 상권을 발판으로 상권이 확장되면서 서교동, 동교동, 연남동으로 가격이 많이 뛰면서 점차 망원동까지 이어졌다. 현재 망원동은 상권이 지속적으로 확장되고 있고 유동 인구도 점점 늘어나고 있다

투자 포인트

역 가까운 곳과 망리단길이 있는 곳은 평당 7천만~1억 원으로 비싸지만 좀 떨어진 곳은 저평가로 나오는 매물들이 간간히 나오기에 적은 비용을 가지고도 투자할 수 있다. 망원동은 망원시장, 예쁜 카페, 맛집, 볼거리, 한강 산책로, 역세권 등 살기가 매우 편리한 곳으로 상권이 점점 확장되어가고 있어 메인이 오르면 뒷골목까지 따라 올라간다.

▶ **망원동 투자 포인트**

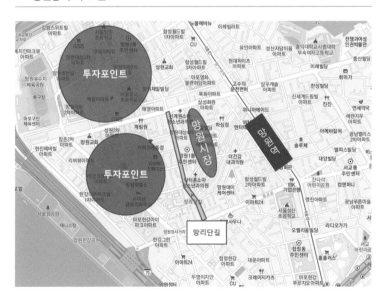

도림사거리역

비역세권에서 역세권으로

도림동은 영등포역, 신풍역, 신도림역 중간 지점에 위치하여 역세권이라 하기에는 애매한 점이 있었다. 그러다 보니 오랫동안 개발이 안 되고 방치된 채 점점 노후화되어 있었다. 그러나 신안산선인 도림사거리역 공사가 시작되면서 지역 분위기가 한껏 고무된 상태다. 주변이 일부 준공업지역이라 오피스텔이나 회사 사옥 등이 들어올 수 있는 입지에 있다.

도림사거리 주변에는 드문 평지에 넓고 직선 대로변을 갖추고 있는 영등포가 있어 미래 역세권에 걸맞은 입지를 갖추고 있다. 도림동은 영등포역, 신도림역, 문래창작촌을 걸어서 이용할 수 있다. 도림사거리역 개통 시 여의도까지 5분, 서울역까지 15분 내로 들어갈 수 있고 여의도를 경유해서 강남까지도 약 19분이면 도착할 수 있다.

신안산선을 주목하자

특히 도림사거리역이 있는 신안산선은 영등포역, 2호선 구로디지털단지역, 7호선 신풍역, 5·9호선 여의도역 등 주요 노선과의 연계가 뛰어나 환승을 통해 강남, 마포는 물론 서울 전역으로의 이동이 편리하다. 신안산선 개통을 기점으로 도림동 일대 많은 개발을 불러올 것이고 자연스레 지가 상승까지 기대해볼 수 있는 곳이다.

투자 포인트

도림사거리역(예정) 주변 일대는 준공업지역이지만 지하철역이 없어 개발이 안 되고 있는 곳이었다. 하지만 도림사거리역 공사 기

▶ **도림사거리역 투자 포인트**

점으로 아파트가 재건축을 하고 있고 꼬마빌딩들이 하나씩 팔리고 있다. 현재 평당 3천만 원 전후로 꼬마빌딩을 매입할 수 있어 아직 저평가 지역이며, 지가 상승을 기대할 수 있는 곳이다.

청량리역과
면목선 라인

10개 노선의 집결지

청량리역은 현재 분당선, 1호선, 경의중앙선, 경춘선, ITX청춘, KTX강릉선 등 6개 노선이 있다. 추가로 GTX-B, GTX-C, 강북횡단선, 면목선, 부산행 열차 등 4개 노선이 개통 예정이다. 앞으로

▶ **청량리역**

청량리역	
기존 노선	**개통 예정**
분당선(수원－선릉－청량리)	GTX-B(인천－여의도－청량리)
1호선(인천－청량리－동두천)	GTX-C(의정부－청량리－삼성)
경의중앙선(일산－청량리－양평)	면목선(청량리－장안－신내)
경춘선(청량리－춘천)	강북횡단선(목동－DMC－청량리)
ITX청춘(용산－청량리－춘천)	부전행(청량리－제천－부전)
KTX강릉선(인천공항－청량리－강릉)	

총 10개 노선이 청량리역을 중심으로 이동하게 된다. 서울역과 삼성역, 청량리역 삼각 편대로 교통의 중심축이 된다.

뛰어난 인프라

교통의 메카가 될 청량리역을 중심으로 청량리 588번지에 65층 규모의 주상복합 아파트 6개 동과 그 옆으로 40층 2개 동, 59층 4개 동이 들어온다.

또한 청량리역 맞은편으로는 청량리 6, 7, 8구역 재개발이 예정되어 있다. 청량리역 인근에는 전통시장, 백화점, 대형마트 등 편의시설과 초, 중, 고 학군과 생활 인프라가 잘 구축되어 있다.

▶ **청량리역과 면목선 라인 인프라**

투자 포인트

청량리역 주변은 상업지역이고 가격이 많이 오를 데로 올라 적게는 평당 7천만 원에서 많게는 1억 원까지도 부르고 있다. 그래서 청량리역 가까운 곳보다는 약간 거리가 있는 5~10분 거리 이내를 추천한다. 그곳은 평당 3천만~4천만 원대 전후로 매입이 가능하기에 소액으로도 투자가 가능하다.

면목선은 2025년 착공(면목선 예비타당성 조사 대상사업 선정, 2021. 8. 14)으로 시립대학교 앞, 전농사거리, 장안삼거리에 면목선이 들어오며 현재도 유동 인구가 많은 편이지만 면목선까지 가세한다면 한층 더 집객력이 높아질 전망이다. 면목선 주변 시세는 대지 평당 3천만 원 전후로 소액으로도 건물 매입이 가능하다.

▶ **청량리역과 면목선 라인 투자 포인트**

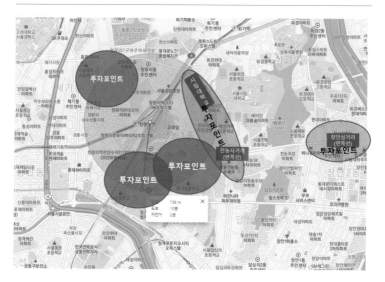

북큐레이션 • 경제적 자유를 누리고 싶은 이들을 위한 책.

《3천만 원으로 빌딩 한 채 사십시오!》와 함께 읽으면 좋은 책. 돈과 시간의 자유를 누릴 수 있도록 재테크의 시야를 넓혀 드립니다.

전국민
1인 1토지
프로젝트

난생처음 토지 투자

이라희 지음 | 18,000원

**대한민국 제1호 '토지 투자 에이전트',
1,000% 수익률을 달성한 토지 투자 전문가의 땅테크 노하우**

초저금리 시대, 땅테크가 최고의 재테크 수단으로 떠오르고 있는 지금, 전 국민이 '1인 1토지'를 가져 재테크에 성공할 수 있도록 누구나 쉽게 실천할 수 있는 실전 노하우를 담았다. 재테크를 전혀 해보지 않은 초보자도 이해할 수 있도록 개발 지역 확인하는 법을 알려주고, 초보자가 꼭 봐야 할 토지 투자 관련 사이트, 용지지역 확인하는 법 등 실질적인 노하우를 공개한다. 나의 자금대에 맞는 토지 투자법, 3~5년 안에 3~5배 수익을 내는 법 등 쉽고 안전한 토지 투자 방법을 담아내 누구나 '1,000만 원으로 시작해 100억 부자'가 될 수 있다.

지속적인 머니
파이프라인만들기

집은 넘쳐나는데
내 집은 어디 있나요?

부동탁 지음 | 16,000원

**부알못 탈출부터 내 집 마련, 부동산 투자까지
빠르면 빠를수록 좋은 부동산 노하우**

많은 사람이 경제 위기 때는 투자를 망설인다. 그러나 부자들은 남들이 주저할 때 과감히 부동산에 투자한다. 집값은 반드시 오른다는 믿음이 있기 때문이다. 이 책은 부동산 투자를 시작하고 싶어도 잘 모르는 '부알못'들에게 부동산에 대한 기초 지식을 전달하면서 '할 수 있다'는 부자 마인드와 구체적인 방법을 제공한다. 또한 종잣돈 3천만 원으로 직장인, 신혼부부, 사회 초년생들이 내 집 마련을 할 수 있는 방법을 알려준다. 집 없는 욜로, 집 없는 워라밸은 없다. 지금 바로 두려움을 뛰어넘어 내 집 마련의 길로 들어서라!

눈여겨봐야 할
투자처 수록

상위 1%만 알고 있는
돈 버는 지식산업센터

김성혜 지음 | 16,000원

아파트가 아니다! 오피스텔이 아니다!
최적의 투자처는 지식산업센터다!

연이어 발표되는 부동산 대책은 실제 투자를 생각했던 많은 사람에게 여러 고민과 상실감을 안겨주고 있다. 그러나 이런 부동산 시장의 불안함에서 살짝 벗어나 있는 물건들이 있다. 바로 업무용 부동산인 '지식산업센터'다. 저자의 오랜 경험에서 우러나온 노하우와 현장감 있는 스토리는 누구나 어렵지 않게 지식산업센터에 투자할 수 있도록 도와줄 것이다. 부동산 투자 블루오션인 지식산업센터에 이 책을 들고 뛰어들어라! 규제로 막혀 있는 부동산 투자에 새로운 기회로 다가올 것이다.

6개월 만에
집값이 30%
상승한다!

잘 팔리는 부동산은 따로 있다

장미정 지음 | 16,000원

낡고 오래된 집도, 교통이 불편한 집도
더 높은 가격에 팔리는 신개념 부동산 재테크

부동산에 투자해 시세 차익으로 수익을 올리는 투자법들이 계속해서 많은 관심을 받고 있다. 그러나 정부의 부동산 정책은 계속 바뀌게 된다. 이 책은 이런 상황에서 가장 필요한 신개념 부동산투자 방법을 소개하고 있다. 바로 '홈스테이징'이다. 홈스테이징은 리모델링보다 적은 비용으로 주택의 가치를 빠르게 상승시킬 수 있는 효과적인 재테크 비책이다. 집을 상품으로 생각해 판매자의 마음에 들도록 해서 주변 매물보다 '더 사고 싶게' 만든다. 그러면 더 높은 가격으로 더 빠르게 팔리게 되는 것이다. 게다가 집에만 적용하는 것이 아니라, 비거주용 부동산에도 충분히 적용할 수 있다.